I

이것이 베트남語다

김태규 지음

다해

이것이 **베트남語**다 I

저자 김태규
인쇄 2026. 2. 10
발행 2026. 2. 20

발행처 다해
등록번호 제 301-2011-069
주 소 서울특별시 중구 충무로29 아시아미디어타워 703호
대표전화 02)2266-9247

값 10,000원
ISBN 979-11-5556-308-3 93730

머리말

본 교재 『이것이 베트남語다 I』은 부산외국어대학교에서 베트남어를 전공하는 학생들이 학문적 기초를 체계적으로 다질 수 있도록 돕는 목적으로 저술되었습니다. 전공자를 주 대상으로 하여 깊이 있는 설명을 담고 있으나, 베트남어에 처음 입문하여 체계적인 학습을 원하는 학습자라면 누구나 활용할 수 있도록 구성하였습니다. 본 교재를 통해 베트남어의 기본 구조를 익힌다면, 낯선 성조와 문법으로 이루어진 학습 과정에서 길을 잃지 않도록 돕는 든든한 나침반이 되어 줄 것입니다.

본 교재는 가장 기초가 되는 발음부터 전공 입문 단계에서 반드시 숙지해야 할 필수 문형과 문법 사항을 다루고 있으며, 베트남어 전공생들이 거쳐야 할 입문 및 초급 과정의 핵심 내용을 충실히 반영하였습니다. 아울러 본 교재에 이어 중급 이상의 실력을 배양할 수 있도록 『이것이 베트남語다 II』도 출간될 예정입니다.

본 교재가 세상에 나오기까지는 앞서 학문의 길을 닦아 주신 선배 교수님의 큰 배려가 있었습니다. 『이것이 베트남語다 I』은 2013년 2월에 출판된 배양수·후인꽁히엔 공저의 『베트남어 I』에서 문법 설명과 기본 패턴의 상당 부분을 참고하였습니다. 학과 전공 도서로서의 완성도를 높이기 위해 본서를 집필하는 과정에서 소중한 저작물의 활용을 기꺼이 허락해 주시고 아낌없는 격려를 보내 주신 배양수 교수님께 깊은 존경과 감사의 인사를 드립니다.

본 교재는 외적인 화려함보다는 '기본에 충실한 전공 도서'라는 본질에 집중하고자 하였습니다. 베트남어 전공생이라면 반드시 숙지해야 할 주요 문법 내용을 전공생의 눈높이에 맞추어 보다 상세하게 설명하고 강조하였습니다. 또한 학생과 일반 학습자의 교재 구매 부담을 최소화하기 위해 음원 파일 제공과 같은 부가적인 요소를 과감히 배제하고, 내용의 충실도에 집중하였습니다. 이에 따라 구성이 다소 딱딱하게 느껴질 수 있으나, 행간에 담긴 깊이 있는 설명이 그 아쉬움을 충분히 보완해 줄 것이라 확신합니다.

책을 만드는 과정에서 수차례의 교정과 편집을 거쳤음에도 불구하고, 미처 발견하지 못한 오탈자나 오류가 남아 있을 수 있습니다. 이는 전적으로 저자의 부족함이며, 본서를 사용하는 학생들과 독자 여러분의 따끔한 지적과 소중한 의견을 겸허히 기다리겠습니다. 보내 주신 의견은 향후 개정판 출간 시 적극 반영하여, 더욱 완성도 높은 전공 도서로 거듭나도록 하겠습니다.

베트남어라는 새로운 세계로 첫발을 내딛는 여러분의 여정에 본 교재가 작지만, 단단한 디딤돌이 되기를 진심으로 바랍니다.

2026년 1월 7일

저자 김태규

목차

BÀI MỞ ĐẦU

예비단원

학습내용

- 문자
- 발음
- 성조

베트남어 문자와 발음

베트남어 문자

베트남어 문자는 **총 29개**로, a를 '아', b를 '베', c를 '쎄'라고 읽는 것은 문자의 명칭(이름)입니다. 외국인이 한국어 자음 'ㄱ'과 'ㄴ'의 명칭이 각각 '기역', '니은'인 것은 모르더라도, 그 음가만 안다면 모음 'ㅏ'와 결합해 '가'나 '나'로 충분히 발음할 수 있습니다. 이와 마찬가지로 베트남어 학습에서도 문자의 명칭은 참고로만 알아두고, **실제 발음인 음가를 기억하는 것**이 중요합니다.

대문자	소문자	명칭	대문자	소문자	명칭
A	a	a	N	n	en-nờ
Ă	ă	á	O	o	o
Â	â	ớ	Ô	ô	ô
B	b	bê	Ơ	ơ	ơ
C	c	xê	P	p	pê
D	d	dê	Q	q	qui
Đ	đ	đê	R	r	e-rờ
E	e	e	S	s	ét-xì
Ê	ê	ê	T	t	tê
G	g	giê	U	u	u
H	h	hát	Ư	ư	ư
I	i	i (ngắn)	V	v	vê
K	k	ca	X	x	ích-xì

L	l	e-lờ	Y	y	i (dài)
M	m	em-mờ			

- f, j, w, z는 베트남어 공식 문자에는 없지만, 외래어나 약어를 표기할 때 종종 사용됩니다.

베트남어 발음

베트남어는 각 문자가 고유한 음가를 가지고 있어 대부분 발음이 규칙적이지만, 예외도 존재합니다. 본 교재는 학습 편의를 위해 **북부 발음**을 기준으로 가장 유사한 한국어 발음으로 표기하였습니다. 하지만, 이것은 보조 수단일 뿐이므로 정확한 발음 구사를 위해 **원어민의 발음**을 듣고 따라 익혀야 합니다. 또한 일부 자음은 **남북 간 발음 차이**가 확연하므로 이에 유의해야 합니다.

1. 베트남어 모음

베트남어의 모음은 발음을 기준으로 총 14개가 있고, 그중 단모음이 11개, 복모음이 3개가 있습니다.

- 단모음

문자	발음(음가)	문자	발음(음가)
a	아	o	('오'와 '어'의 중간) 어
ă	(짧은) 아	ô	오
â	(짧은) 어	ơ	어
e	(입을 크게) 애	u	우
ê	(입을 작게) 에	ư	으
i	(짧은) 이	y	(긴) 이

• 모음 i와 y는 우리말의 '이'와 유사한 발음인데, 다음과 같은 조건에서 i와 y는 구분하여 쓰고 있습니다. 그러나 실제 사용에서는 개인의 습관이나 지역, 시대적 변화에 따라 차이가 나타나기도 합니다.

- 초성자음으로 **b, h, k, l, m, t**가 올 경우 **i**를 쓰고 있습니다.

예 bí ẩn, hi vọng, ki bo, phân li, bánh mì, ti tiện

- 순수 베트남어로 단독으로 사용될 때는 i를 쓰고 있습니다.

예 í ới

- **한월어로 단독**으로 쓰일 때는 **y**를 쓰고 있습니다.

예 ý, ỷ

- 모음 **u 뒤**에 위치한 경우 **y**를 쓰고 있습니다.

예 thủy, quý

• 복모음

구분	뒤에 자음이 오는 모음	뒤에 자음이 오지 않는 모음
1	iê, yê	ia, ya
2	ươ	ưa
3	uô	ua

- 베트남어 복모음 중 **i, u, ư와 a**가 결합된 복모음의 a의 발음은 '어'로 발음합니다. 하지만 **qua**의 경우 예외적으로 **'꾸아'**로 발음합니다.

예 kia **'끼어'**, vua **'부어'**, chưa **'쯔어'**

2. 초성 자음

문자	발음(음가)	문자	소문자
b	ㅂ	ng	응
c	ㄲ	ngh	응
ch	ㅉ	nh	ㄴ (니)
d	ㅈ	p	ㅃ
đ	ㄷ	ph	ㅍ (영어 f)
g	ㄱ	q	ㄲ
gh	ㄱ	r	ㅈ
gi	ㅈ (지)	s	ㅆ
h	ㅎ	t	ㄸ
k	ㄲ	th	ㅌ
kh	ㅋ	tr	ㅉ
l	ㄹ	v	ㅂ (영어 v)
m	ㅁ	x	ㅆ
n	ㄴ		

- k는 i/y, ê, e앞, q는 u앞, gh와 ngh는 모두 모음 i, ê, e 앞에 위치합니다.

  예 kiến, ký, quý, quá, ghi, nghi, nghe

- nh는 한국어의 'ㄴ'과 유사한 발음이지만, '녀'나 '니'를 발음할 때처럼 혓바닥을 입천장에 넓게 붙인 상태에서 코로 울려 내는 소리입니다.

  예 nha '냐', nho '뇨'

- 자음 중 일부는 북부와 남부 발음에 확연한 차이가 있다는 점을 기억해야 합니다.

  예 dài 북부 '자이', 남부 '야이'

3. 종성 자음

문자	발음(음가)	문자	발음(음가)
c	ㄱ	nh	잉
ch	익	ng	ㅇ
m	ㅁ	p	ㅂ
n	ㄴ	t	ㄷ

- 초성 자음, 종성 자음일 때 발음에 차이가 있는데, 예를 들어 ng의 경우 초성 자음일 때는 '응'으로, 종성 자음일 때는 'ㅇ'으로 발음 합니다.

예 nga '응아', ông '옹'

베트남어 성조

베트남어는 6개의 성조가 있으며, 모음의 위 또는 아래에 표기(모음이 여러 개일 때는 중심 모음에)합니다. 철자가 같더라도 성조에 따라 의미가 완전히 달라지므로, 문자와 성조를 하나의 짝으로 묶어 기억해야 합니다.

성조 명칭	기호	예시 (뜻)
dấu ngang	없음	ma (귀신)
dấu huyền	\	mà (그러나)
dấu sắc	/	má (뺨/어머니)
dấu hỏi	ˀ	mả (무덤)
dấu ngã	~	mã (말_馬)
dấu nặng	.	mạ (모_벼)

BÀI 1 CHÀO ANH!

제1과 안녕하세요!

학습내용

- 인사법
- 경어 인사법
- 인칭 대명사

1. 인사법

- 처음 만난 30세 남자(Nam)와 32세 여자(Ngọc)의 인사법

  Nam : Chào chị.

  Ngọc : Chào anh.

- 서로 잘 아는 25세 여자(Tuyết)와 20세 여자(Hà)의 인사법

  Tuyết : Chào em.

  Hà : Chào chị.

- 같은 반 친구인 20세 대학생의 인사법

  Hà : Chào bạn.

  Bình : Chào bạn.

• 20세 여자 대학생(Hà)과 50세 남자 교수(Lee)의 인사법

Hà : Chào thầy.

Lee : Chào em.

• 20세 여자 대학생(Hà)과 40세 여자 교수(Lan)의 인사법

Hà : Chào cô.

Lan : Chào em.

• 50세 남자 교수(Nam)와 대학생들의 인사법

Nam : Chào các bạn.

Sinh viên : Chào thầy.

2. 문법

1) 인칭 대명사

• 베트남어에서는 '나'와 '너'를 지칭하는 말이 고정되어 있지 않고, 대화 상대와의 관계(나이, 성별, 지위)에 따라 호칭이 달라집니다. 이 호칭이 곧 인칭 대명사로 사용됩니다.

• **1인칭 (나, 우리)**: 처음 만났을 때는 **tôi(나)**를 사용하기도 하지만, 보통 상대방이 나보다 나이가 많으면 '나'를 낮추어 em(저, 동생)이라 하고, 상대방이 어리면 나의 성별에 따라 '나'를 anh(형/오빠) 또는 chị(누나/언니)라고 합니다. 또한, **복수형 1인칭**도 있는데, **청자를 포함한 '우리'는 chúng ta, 청자를 포함하지 않는 '우리'는 chúng tôi**를 사용합니다.

구분	대상(의미)
anh	화자와 나이가 같거나 좀 더 많은 남자, 형
ông	화자의 할아버지 또래 남자, 할아버지
bác	화자의 아버지보다 나이가 더 많은 남자, 큰아버지, 아저씨
chú	화자의 아버지보다 나이가 좀 적은 남자, 작은 아버지, 삼촌
thầy	화자의 남자 선생님
chị	화자와 같은 나이 또는 좀 더 나이가 많은 여자, 누나
bà	화자의 할머니 또래의 여자, 할머니
cô	화자의 아버지와 비슷한 또래의 여자, 고모/화자보다 어린 성인 여자를 높여서 부를 때 사용, 아가씨/화자의 여자 선생님
bạn	남녀를 불문하고 화자와 나이가 같거나 조금 어린 사람을 부를 때 사용
em	남녀를 불문하고 화자보다 나이가 어린 사람을 부를 때, 교사가 학생을 부를 때도 사용
cháu	남녀를 불문하고 화자의 손자, 조카뻘 되는 사람을 부를 때 사용

- **2인칭 (너, 당신)**: 베트남어에서 상대방을 부를 때는 화자와의 관계에 따라 **anh**(형/오빠), **chị**(누나/언니), **em**(동생) 등을 사용합니다. 2인칭으로 사용되는 주요 단어로는 ông, bà, bác, chú, cô, anh, chị, em, cháu와 같은 친족 호칭과 thầy, bạn 등의 사회적 호칭이 있습니다. 베트남어 인칭대명사 체계는 본래부터 대명사의 기능만 수행하는 '전용 인칭대명사(đại từ nhân xưng chuyên trách)'와, 친족 관계나 사회적 직위에서 사용되던 명사가 대명사로 전환된 경우로 나뉩니다. 후자의 경우, **원래의 호칭 명사가 가진 위계적 의미를 유지**한 채 대명사로 쓰이는 것이 특징입니다.

- **Bạn을 제외한** 대부분의 2인칭 대명사는 상대방과의 관계에 따라 **1인칭 단수 대명사(나)**로도 사용됩니다. 즉, 상대를 부르는 호칭을 그대로 나를 지칭하는 말로도 쓸 수 있다는 점이 베트남어 인칭대명사의 큰 특징입니다.

• **2인칭** 대명사의 **복수형**은 **[các + 2인칭 단수 대명사]** 형태입니다.

예 các anh / các ông / các bác / các chú / các thầy / các chị / các bà / các cô / các bạn / các em / các cháu

• **3인칭** 대명사의 **단수형**은 **[2인칭 단수 대명사 + ấy]**입니다.

예 anh ấy / ông ấy / bác ấy / chú ấy / thầy ấy / chị ấy / bà ấy / cô ấy/ bạn ấy / em ấy / cháu ấy

• **전용 3인칭 단수** 대명사에 **nó**가 있는데, '그' 또는 '그녀'라고 할 수 있고, 남녀를 불문하고 사용할 수 있지만 화자와 나이가 같거나 어린 사람에게만 사용합니다. **윗사람을 지칭할 때는 사용해서는 안 됩니다.**

• **3인칭 복수 대명사**는 **[các + 2인칭 단수 대명사 + ấy]**입니다.

예 các anh ấy / các ông ấy / các bác ấy / các chú ấy / các thầy ấy / các chị ấy / các bà ấy / các cô ấy / các bạn ấy / các em ấy / các cháu ấy

• **Họ**는 **전용 3인칭 복수 대명사**로, '그들'이라는 의미입니다.

• **이름 앞에 인칭 대명사를 사용**하는 방법은 성별, 나이, 직업 등을 구별하여 이름 앞에 2인칭 단수대명사를 사용할 수 있고, 이러한 경우 그 2인칭 단수대명사는 명사의 역할을 합니다.

예 Anh An / Anh Hòa / Bạn Bình / Chị Tuyết / Chị Ngọc / Thầy Nam / Cô Lan

• 인칭대명사 요약표

인칭대명사		
1인칭	단수	tôi
	복수	chúng ta / chúng tôi / chúng em
2인칭	단수	anh / ông / bác / chú / thầy / chị / bà / cô / bạn / em / cháu
	복수	các anh / các ông / các bác / các chú / các thầy / các chị / các bà / các cô / các bạn / các em / các cháu
3인칭	단수	anh ấy / ông ấy / bác ấy / chú ấy / thầy ấy / chị ấy / bà ấy / cô ấy / bạn ấy / em ấy / cháu ấy / nó
	복수	các anh ấy / các ông ấy / các bác ấy / các chú ấy / các thầy ấy / các chị ấy / các bà ấy / các cô ấy / các bạn ấy / các em ấy / các cháu ấy / họ

2) 기본 인사법

가장 일반적인 인사말은 **Chào** 뒤에 상대방을 부르는 호칭(인칭대명사)을 붙여서 사용합니다. **Chào는 만날 때와 헤어질 때, 그리고 시간대에 관계없이** 사용할 수 있습니다. 아래 몇 가지 결합 형태를 참고하시기 바랍니다.

• Chào + 2인칭대명사

예 Chào ông / Chào thầy / Chào cô / Chào em / Chào bạn

• Chào + 인칭대명사 + 이름

예 Chào anh An / Chào chị Ngọc / Chào thầy Nam / Chào cô Lan / Chào bạn Bình / Chào em Nga

• Chào + 이름

화자가 청자와 같은 노래 또는 윗사람일 경우 친밀한 관계에서 인칭 대명사를 생략하고 chào 뒤에 바로 이름을 붙여서 사용할 수 있습니다.

예 Chào Bình / Chào Nga

• **1인칭 대명사 + Chào + 2인칭 대명사**가 있는데 이런 인사법은 보다 **친밀하고, 예의 바른 인사법**입니다.

예 Em chào thầy. / Em chào cô. / Anh chào em. / Cháu chào chú. / Cháu chào bác. / Cháu chào ông. / Cháu chào bà. / Em chào chị. / Em chào anh. / ….

1. 경어 인사법

Sinh viên : Chào thầy ạ.

Thầy giáo : Chào các bạn.

학생들 : 선생님, 안녕하세요.

선생님 : 여러분, 안녕하세요.

단어 thầy: 선생님(남성)

ạ: 문장 끝에 붙여 공손함을 나타내는 조사

các: ~들 (복수)   bạn: 여러분, 친구

2. 문법

1) 경어 인사법

- 웃어른이나 격식을 차려야 하는 상대에게 인사할 때는 **문장 끝에 경어 조사 ạ**를 붙여서 공손함을 나타냅니다. 즉, **Chào + 2인칭 대명사 + ạ**의 형태를 활용할 수 있습니다.

예 Chào anh **ạ**. / Chào cô **ạ**.

- 경어 인사법의 다른 방법은 Xin + chào + 2인칭 대명사를 활용하거나, Xin + chào + 2인칭대명사 + ạ를 활용할 수도 있습니다.

예 Xin chào ông. / Xin chào ông **ạ**.

2) 복수형 만들기: Các + 호칭

상대방이 여러 명일 때는 **호칭 앞에 các**을 붙여서 '~분들', '~들'이라는 복수의 의미를 만듭니다.

예 **các anh**: 형들, 오빠들 (또는 여러분) / **các em**: 동생들, 얘들아

말하기 연습

1. Chào ____

Chào	anh .
	chị .
	em.

2. Chào ____ ạ.

Chào	anh	ạ.
	thầy	
	chị	
	cô	

3. ____ ấy

anh	ấy
chị	
bạn	
em	

4. Các ____ ấy

các	anh	ấy
	chị	

연습문제

1. 상황별 말하기

(1) Bình, 20세 남자/ Hà, 20세 여자로 처음 만남

Bình : Chào ______________.

Hà : Chào ______________.

(2) Bình, 20세 남자 / Hà, 20세 여자로 아는 사이(방법 1)

Bình : Chào ______________.

Hà : Chào ______________.

(3) Bình, 20세 남자 / Hà, 20세 여자로 아는 사이(방법 2)

Bình : Chào ______________.

Hà : Chào ______________.

(4) Hà, 20세 여자 / Ngọc, 30세 여자로 아는 사이

Hà : Chào ______________.

Ngọc : Chào ______________.

(5) Hải, 20세 남학생 / Lan 40세 여자 선생님

Hải : Chào ______________.

Lan : Chào ______________.

(6) Hà, 20세 여자 대학생 / Nam, 50세 남자 선생님

Hà : Chào ______________.

Nam : Chào ______________.

(7) Bình, 20세 남자 / An, 30세 남자

Bình : Chào ______________.

An : Chào ______________.

(8) Ngọc, 20세 여자 / An, 30세 남자 / Hòa, 30세 남자로 아는 사이

Ngọc : Chào ____________.

An/Hòa : Chào ____________.

(9) Lan, 40세 여자 교수 / 대학생들

Lan : Chào ____________.

Sinh viên : Chào ____________.

2. 빈칸에 xin 또는 ạ를 넣어 공손한 문장을 완성하시오.

(1) Chào thầy ______.

(2) ______ chào cô.

(3) Chào các chị ____.

(4) Chào các thầy ___.

BÀI 2 ANH CÓ KHỎE KHÔNG?

제2과 건강하지요?

학습내용

- 문장구조
- có ~ không? 의문문
- 접속사 còn / và / cũng
- 사교적 안부 묻기

1. 회화

Min-soo : Chào anh Hùng.

Hùng: Chào Min-soo. Em có khỏe không?

Min-soo: Dạ, em khỏe. Còn anh?

Hùng: Cảm ơn em. Anh cũng khỏe.

Min-soo: Chào anh. Hẹn gặp lại.

Hùng: Chào em. Hẹn gặp lại.

민수 : 안녕하세요, 훙 형.

훙 : 안녕 민수야. 너 건강하니? (잘 지내니?)

민수 : 네, 저는 건강해요. 형은요?

훙 : 고마워, 형도 건강해.

민수 : 안녕히 가세요. 또 뵐게요.

훙 : 안녕, 또 만나자.

단어 khỏe: 건강한, 잘 지내는

có ... không?: ~합니까/입니까? (의문문)

dạ: 네

cảm ơn: 감사합니다(고마워)

cũng: ~도, 역시

hẹn: 약속하다

gặp: 만나다

lại: 다시

■ 1인칭대명사 tôi 사용 시 주의할 점 ■

베트남어 대화에서 자신과 상대방을 지칭하는 **호칭은 상호 관계에 따라 선택해야** 합니다.

본 교재에서는 문법 체계를 명확하고 일관되게 전달하기 위해, 특정 관계에 국한되지 않는 **중립적 1인칭 대명사인 tôi를 대표로 사용하여 설명**합니다.

하지만 실제 대화에서는 상대방이 나를 **anh '형/오빠'** 혹은 **chị '누나/언니'** 등으로 **지칭**할 경우, 나 역시 그에 대응하는 **적절한 호칭인 em '동생/너'와 같은 호칭을 사용하는 것이 원칙**입니다.

따라서 학습자 여러분은 본 교재를 통해 문법의 기본 틀을 익히되, **실제 의사소통 상황에서는 반드시 상대와의 관계에 맞는 호칭으로 바꾸어 표현**하는 연습을 병행하시기 바랍니다.

2. 문법

1) 문장구조

개괄

베트남어는 고립어로, 격이나 시제에 따라 단어의 형태가 변하지 않습니다. 베트남어에서 중요한 문법적 요소는 **단어의 순서, 배열**입니다. 전통적 문법에서 베트남어의 기본적인 구조는 주어와 술어이며, 그 순서는 **주어 + 술어**입니다. 주어는 명사 또는 대명사가 맡습니다. 술어는 동사 또는 형용사가 맡습니다. 주어와 술어의 결합은 하나의 절을 만들고, 한 문장은 하나의 절 또는 여러 개의 절로 구성됩니다.

평서문

- 평서문의 구조는 **[주어 + 동사 또는 주어 + 형용사]**입니다.

  예 Tôi ăn. / Tôi vui.

- **보어는 동사 뒤**에 옵니다.

  예 ăn cơm

부정문

일반 부정문에서는 동사나 형용사 앞에 **[không]**을 사용합니다. **[주어 + không + 동사/형용사]** 문형입니다.

예 Tôi ăn. → Tôi **không** ăn.
Tôi vui. → Tôi **không** vui.

2) 동사/형용사의 경우 보통 의문문을 만들 때 **[주어 + có + 동사/ 형용사 + không?]**의 형태를 활용하여 만들 수 있습니다. 상대방의 상태나 성질을 물을 때 사용하는 **가장 기본적인 의문문** 형태입니다. 일반 회화에서 có를 생략하여 사용할 수 있습니다.

예 Anh đi → Anh **có** đi **không?** (형은/오빠는 가나요?)
Em ăn → Em **có** ăn **không?** (너는/동생은 먹을 거니?)
Em khỏe → Em **có** khỏe **không?**
(너는/동생은 건강하니?/ 잘 지내?)
Cô ấy đẹp → Cô ấy **có** đẹp **không?** (그녀는 예쁩니까?)

3) 이러한 'có ~ không?' 의문문은 상대방과의 관계나 격식에 따라 답변 방식이 다양합니다. 기본적으로 답변은 질문에 사용된 동사나 형용사를 활용하는데, 긍정할 때는 '(có) + 동사/형용사', 부정할 때는 'không + 동사/형용사'의 형태를 취합니다.

• 대답 방식 (1)

(질문) 주어+có+동사/형용사 + không?	**긍정**: 동사/형용사. 주어 + 동사/형용사. **부정**: Không. 주어 + không + 동사/형용사.
Anh có ăn không?	Ăn. Tôi ăn.
	Không. Tôi không ăn.
Anh có vui không?	Vui. Tôi vui.
	Không. Tôi không vui.

• 대답 방식 (2)

(질문) 주어 + có + 동사/형용사 + không?	긍정: 동사/형용사. 부정: Không.
Anh có ăn không?	Ăn.
	Không.
Anh có vui không?	Vui.
	Không.

• 대답 방식 (3)

(질문) 주어+có+동사/형용사+ không?	긍정: Có. 주어 + 동사/형용사. 부정: Không. 주어 + không + 동사/형용사.
Anh có ăn không?	Có. Tôi ăn.
	Không. Tôi không ăn.
Anh có vui không?	Có. Tôi vui.
	Không. Tôi không vui.

• 대답 방식 (4)

(질문) 주어+có+동사/형용사+không?	긍정: Có. 부정: Không.
Anh có ăn không?	Có.
	Không.
Anh có vui không?	Có.
	Không.

• 대답 방식 (5)

위에서 살펴본 대답 방식 1~4까지는 친밀한 관계에서 사용합니다. 윗사람이나 사회관계에서 보다 예의를 차릴 필요가 있을 때는 예의 바른 어법을 사용해야 하는데, 보통 질문과 대답하는 **문장 앞에 dạ**를 사용하거나, 질문 및 대답하는 **문장의 끝에 ạ**를 사용합니다. 이 두 가지 방식은 모두 상대를 높이는 표현이므로 상황에 따라 적절히 사용하면 됩니다(dạ와 ạ는 따로 쓰기도 하지만, Dạ, chào anh ạ.처럼 함께 쓰면 더욱 정중한 표현이 됩니다.).

- 질문과 대답하는 문장 앞에 dạ를 사용

(질문) Dạ,주어+có+동사/형용사 +không?	Dạ, 동사/형용사. 주어 + 동사/형용사.
	Dạ, không. 주어+ không + 동사/형용사.
Dạ, anh có ăn không?	Dạ, ăn. Tôi ăn.
	Dạ, không. Tôi không ăn.
Dạ, anh có vui không?	Dạ, vui. Tôi vui.
	Dạ, không. Tôi không vui.

- 질문과 대답하는 문장 앞에 ạ를 사용

(질문) 주어+có+동사/형용사+ không + ạ?	동사/형용사 + ạ. 주어 + 동사/형용사 + ạ.
	Không + ạ. 주어+ không + 동사/형용사 + ạ.
Anh có ăn không ạ?	Ăn ạ. Tôi ăn ạ.
	Không ạ. Tôi không ăn ạ.
Anh có vui không ạ?	Vui ạ. Tôi vui ạ.
	Không ạ. Tôi không vui ạ.

Tip 의문문 구조의 có와 동사 có의 구분

베트남어 의문문 구조인 'có ~ không?'에 쓰인 có와 일반 동사로 쓰이는 có는 그 역할과 의미가 다르므로 주의해야 합니다.

- 의문문 구조에서의 có

동사나 형용사 앞에 위치하여 해당 문장이 의문문임을 나타내거나 질문의 의미를 강조하는 역할을 합니다. 이때 có 자체는 **별도의 의미를 가지지 않으며, có를 회화 대화에서 생략**할 수 있습니다.

예 Anh có ăn phở không? (형/오빠는 쌀국수를 먹습니까?) → 먹다(ăn)라는 행위 여부를 질문

- 동사로서의 có (소유 및 존재)

동사로 쓰일 때는 뒤에 명사(목적어)를 취하며, **동사로 사용되는 có는 생략할 수 없습니다.**

예 Anh có tiền không?(형/오빠는 돈이 있습니까/있나요?) → 돈(tiền)의 소유 여부를 묻는 질문으로, 소유 (~을 가지고 있다) 즉, 주어의 소유 상태를 나타냅니다.

Ở đây có quán phở không?(여기에 쌀국수 집이 있습니까?) → 장소의 존재 여부를 질문, 존재 (~이 있다) 즉, 특정 장소에 무엇이 존재함을 나타내거나, 상황이 발생했음을 의미합니다.

4) Còn과 Và는 연결사로 두 요소를 연결하는데 사용됩니다.

- Còn과 và는 두 개의 절을 연결합니다. 주체의 속성이나 행동이 **유사할 경우는 và**를 사용하고 **그 반대일 경우에는 còn**을 사용합니다.

예 Anh Kim ăn cơm **và** anh Hòa **cũng** ăn cơm. (O)

Anh Kim ăn cơm **còn** anh Hòa **cũng** ăn cơm.(X)
Chị Ngọc đẹp **và** chị Tuyết **cũng** đẹp. (O)
Chị Ngọc đẹp **còn** chị Tuyết **cũng** đẹp. (X)

예 Anh Kim ăn cơm **còn** anh Hòa ăn phở. (O)
Anh Kim ăn cơm **và** anh Hòa ăn phở. (X)
Chị Ngọc đẹp **còn** chị Tuyết không đẹp. (O)
Chị Ngọc đẹp **và** chị Tuyết không đẹp. (X)

- **한 절(주어, 술어, 보어) 내에서 두 요소를 연결**할 때는 **và**를 사용합니다.

예 Anh Kim **và** anh Hòa ăn cơm.(O)
Anh Kim **còn** anh Hòa ăn cơm. (X)
Anh Kim ăn cơm **và** ăn phở. (O)
Anh Kim ăn cơm **còn** ăn phở. (X)
Anh Kim ăn cơm **và** phở. (O)
Anh Kim ăn cơm **còn** phở. (X)

- 이미 언급한 주체와 비교하면서 다른 주체에게 물을 때는 còn을 사용합니다. 이때는 '그러면'의 의미로 해석됩니다.

예 Anh Kim ăn cơm. **Còn** anh Hòa? (O)
Anh Kim ăn cơm. **Và** anh Hòa? (X)
Chị Ngọc đẹp. **Còn** chị Tuyết? (O)
Chị Ngọc đẹp. **Và** chị Tuyết? (X)

5) 부사 **cũng** 은 주어 뒤, 서술어(동사/형용사) 앞에 위치하여 언급하고 있는 둘 이상 사이에 행위, 성질 등이 유사함을 표현하기 위해 사용하는데, **'또한'**, **'역시'**, **'~도'**라는 의미를 나타냅니다.

예 Tôi khỏe. Lan **cũng** khỏe. (저는 건강해요. 란도 건강해요)
Em là sinh viên. Chị **cũng** là sinh viên.
(저는 학생입니다. 누나/언니 또한 학생입니다.)

6) Cảm ơn/cám ơn '감사합니다'

상대방에게 감사를 표현할 때, 북부에서는 주로 Cảm ơn을, 남부에서는 Cám ơn을 사용합니다. 더 정중하게 표현하려면 'Cảm ơn + 호칭(인칭대명사)' 형식을 씁니다. 이에 대한 대답으로는 '괜찮아요/천만에요'의 뜻으로 'Không có gì' (남부: Không có chi)라고 합니다.

예 Cảm ơn anh / Cảm ơn chị / Cảm ơn thầy / Cảm ơn cô
A: Cảm ơn anh
B: Không có gì!

7) Hẹn gặp lại! '다시 봅시다'

이 표현은 비교적 오랫동안 만나지 못하는 경우에 헤어질 때 사용하는 표현입니다. 따라서 자주 만나는 사이에는 이 표현을 보통 사용하지 않고, **chào + 인칭대명사**의 인사로 충분합니다. 물론 다시 만날 일자 등이 확정되어 있는 경우 **시간을 표현하는 단어 + gặp lại**로 표현할 수 있습니다.

예 Ngày mai gặp lại!

문형 연습

1. ~ có ~ không?

주어		동사	
Anh	có	ăn	không?
Chị		uống	
Bạn		biết	
Em		thích	

단어 ăn: 먹다　　uống: 마시다
biết: 알다　　thích: 좋아하다

2. Dạ ~

Dạ, ăn.	Tôi	ăn.
Dạ, uống.	Tôi	uống.
Dạ, biết.	Tôi	biết.
Dạ, thích.	Em	thích.

3. Dạ, không ~

Dạ, không.	Tôi	không	ăn.
			uống.
	Em		biết.
			thích.

연습문제

1. 아래 대화를 완성해 보세요.

(Hà, 20세 여자 대학생/ Nam, 50세 남자 교수)

Hà : ____________________________

Nam: Chào em.

Hà : ____________________________

Nam: Có, thầy khỏe. ______________

Hà : Em cũng khỏe ạ.

Nam: Chào em.

Hà : ____________________________

단어 ngày mai: 내일

2. 아래 제시한 문장의 빈칸에 맞는 것을 고르세요.

(1) Anh có _______ cà phê không?

ⓐ ăn ⓑ học ⓒ uống ⓓ dạy

(2) Tôi _______ tiền.

ⓐ học ⓑ dạy ⓒ uống ⓓ có

(3) Các chị ấy _______ phở.

ⓐ uống ⓑ ăn ⓒ dạy ⓓ học

3. 아래 제시한 문장의 빈칸에 còn, và, cũng 중에서 맞는 것을 골라 넣으세요.

(1) Chị Ngọc ______ chị Tuyết ăn phở

(2) Tôi không muốn gặp chị Ngọc ______ chị Tuyết.

(3) Chị Ngọc gặp anh Park. Chị Tuyết ______ gặp anh Park.

(4) Hôm nay, thầy Nam khỏe ______ cô Lan mệt.

(5) Anh Kim ______ anh Hòa vui ______ chị Ngọc ______ chị Tuyết buồn.

(6) Họ không học. Tôi ______ không học.

단어 phở: 쌀국수 gặp: 만나다 hôm nay: 오늘 khỏe: 건강하다
mệt: 피곤하다 vui: 기쁘다 buồn: 슬프다 học: 공부하다

4. 아래 답변에 대한 질문을 빈칸에 만들어 보세요.

(1) ______________________________?

Dạ, không. Anh ấy không thích cà phê.

(2) ______________________________?

Dạ, biết. Em biết thầy Kim.

(3) ______________________________?

Dạ, thích. Em thích thầy Kim và cô Lan.

BÀI 3 XIN LỖI, ANH TÊN LÀ GÌ?

제3과 실례지만, 성함이 어떻게 됩니까?

학습내용

- 감사, 사과 표현
- 이름, 직업 묻기
- 소유격 của
- 연결사 còn / nhưng
- là의 용법
- 부가 의문문 … phải không?
- 의문사 gì?

1. 회화

Nam: Xin lỗi, anh tên là gì?

Huy: Tôi tên là Huy. Còn anh tên là gì?

Nam: Tên của tôi là Nam. Rất vui được gặp anh.

Huy: Cảm ơn anh. Tôi cũng rất vui được gặp anh.

남: 실례지만, 성함이 어떻게 되십니까?

휘: 저는 휘라고 합니다. 그럼, 성함은 어떻게 되시나요?

남: 저는 남이라고 합니다. 만나서 매우 반갑습니다.

휘: 네, 감사합니다. 저 역시 만나서 매우 반갑습니다.

단어 xin lỗi 실례합니다, 미안합니다 tên: 이름

là:~이다(입니다) gì: 무엇, 무슨 (의문사)

tôi: 나 (1인칭 대명사)

còn 그리고(접속사), ~은/는요?(화제 전환 및 반문)

rất: 매우, 아주(형용사 수식) vui: 기쁜, 즐거운

được: ~하게 되다 (수동태) gặp: 만나다

cảm ơn: 감사합니다

2. 문법

1) **Xin lỗi**는 상대방에게 말을 걸거나 주의를 끌 때 자신이 타인을 불편하게 했다고 느낄 때 **'실례합니다'**의 의미로 사용하거나, 또는 자신이 잘못하여 용서 받고 싶을 때 **'죄송합니다, 미안합니다'**의 뜻으로 사용합니다.

예 **Xin lỗi**, anh tên là gì? (실례합니다만, 성함이 어떻게 되십니까?)
Xin lỗi anh!(형/오빠, 죄송합니다.)

• [Xin lỗi+인칭대명사] 는 보다 진솔하고 친밀한 느낌을 줍니다.

• 상대방이 **xin lỗi**를 들었을 때, 대답은 **không sao**로, không sao는 '괜찮다'는 의미로 가장 널리 쓰이는 대답입니다.

예 A: Xin lỗi chị! (누나/언니, 죄송합니다.)
B: Không sao! (괜찮습니다/별거 아니에요!)

2) là의 용법

- 명사 앞에 사용하여 명사를 술어로 만듭니다. 구어체에서 형용사 앞에 사용되기도 하지만 이때는 술어를 만든다기보다 형용사의 의미를 강조하는 느낌으로 사용됩니다.

예 Tôi là Bình. / Tôi là sinh viên.
Chị Ngọc là đẹp. (X)
Chị Ngọc đẹp. (O)

- là를 사용하는 평서문의 부정문은 không + là가 아니라 không phải + là입니다.

예 Tôi là sinh viên. → Tôi **không phải là** sinh viên.

3) 의문사 gì

- 사물의 명칭, 속성에 대해 묻거나 행위의 대상에 대해 묻는 의문사로 **'무엇'**이라는 의미를 갖고 있습니다. 2가지 문형이 가능한데, [주어 + 동사 + gì?] 와 [주어 + 동사 + 명사 + gì?]입니다.

예 A: Anh ăn **gì**? (무엇을 드시겠습니까?)
B: Dạ, tôi ăn phở. (네, 저는 쌀국수를 먹겠습니다.)
A: Anh ăn phở **gì**? (어떤 쌀국수를 드시겠습니까?)
B: Dạ, tôi ăn phở bò. (네, 저는 소고기 쌀국수를 먹겠습니다.)

4) 이름 묻고 답하기

- 이름을 물을 때는 **[주어 + tên + là + gì?]** 문형을 사용합니다. 의문사 gì(무엇)는 문장 끝에 위치하여 '무엇입니까?'라는 의미를 나타냅니다.

- 대답할 때는 의문사 gì 자리에 자신의 이름을 넣어 [주어 + tên + là + 이름]의 형태로 답합니다.

  예 A: Anh tên là **gì**? (성함이 어떻게 되십니까?)
  B: Tôi tên là **Bình**.(제 이름은 빈입니다.)

- 이름을 묻고 답하는 일상적인 회화에서 là를 생략하기도 합니다.

  예 Anh tên là **gì**? → Anh tên gì? (là 생략)

- 베트남어의 **소유격은 của '~의'**를 사용하는데, 베트남어에서 '~의'라는 소유의 의미를 나타낼 때는 [A + của + B]를 활용하는데, 'A는 B의 것'이라는 의미를 갖습니다. 보통 이름, 가족, 신체 부위 등 주어와 매우 밀접한 관계인 경우와 **A와 B의 길이가 짧은 경우(1음절 또는 2 음절)**, 그리고 **오해를 불러일으킬 염려가 없을 때는 của를 생략**하고 명사 뒤에 바로 소유자를 붙일 수 있습니다.

  예 Tên của tôi → Tên tôi (1음절)
  quê hương của cô ấy → quê hương cô ấy (2음절)

5) được 의 용법

• được의 위치에 따라 의미에 차이가 있습니다. 베트남어에서 được은 동사의 앞이나 뒤 어디에 위치하느냐에 따라 문장의 뉘앙스가 달라집니다.

구분	được + 동사 (예: được gặp)	동사 + được (예: gặp được)
의미	~하게 되다 / ~하는 기회를 얻다	~할 수 있다 / (결국) ~해내다
뉘앙스	화자가 그 동작을 하게 된 것이 기쁘거나 긍정적인 기회임을 강조할 때 사용 (행운, 혜택, 영광)	노력을 통해 어떤 결과를 얻었거나, 동작을 성공적으로 수행했음을 강조(가능, 결과, 성취)
예시	Rất vui được gặp anh.(당신을 만나 뵙게 되어 매우 기쁩니다.)	Tôi đã gặp được anh ấy. (나는 그를 만날 수 있었다.)

Tip 수동태(피동문)에서의 được와 bị

베트남어에서는 주어가 **어떤 동작을 당하거나 받는 수동태(피동)**를 만들 때, 그 **결과가 긍정적이냐 부정적이냐에 따라** 사용하는 단어가 달라집니다. 긍정적인 결과는 '주어 + **được** + (행위자) + 동사'의 형태로, 주어에게 **이익이 되거나 긍정적인 일이 생길 때**(칭찬받다, 상을 받다 등) 사용합니다. 반대로 **부정적인 결과**는 '주어 + **bị** + (행위자) + 동사'의 형태로, 주어에게 **손해가 되거나 부정적인 일을 당할 때**(꾸중 듣다, 벌을 받다, 도난당하다 등) 사용합니다.

예 수동태(긍정): Tôi **được** cô giáo **khen.**
(나는 선생님께 **칭찬**을 받았다.)

수동태(부정): Tôi **bị** cô giáo **phê bình.**
(나는 선생님께 **꾸중**을 들었다.)

6) 정도 부사 rất, lắm, quá의 용법과 어순

- 정도 부사인 rất, quá, lắm은 모두 한국어로 '매우', '아주', '너무'로 번역되지만, 문장에서의 위치와 어감에 차이가 있습니다. 이 정도부사는 형용사와 결합하는데 **rất은 형용사 앞**에, **lắm은 형용사 뒤**에 그리고 **quá는 형용사의 앞과 뒤에 모두** 사용할 수 있습니다. 이와 같이 정도부사는 형용사를 수식하지만, 베트남어에서는 '이해하다', '좋아하다', '사랑하다', '그리워하다'와 같이 심리나 감정 상태를 나타내는 동사와도 결합할 수 있습니다.

  예 rất đẹp / đẹp lắm / đẹp quá / quá đẹp (형용사 수식)
  rất thích / thích lắm / thích quá / quá thích (동사 수식)

- 친밀감을 표현하는 문장에 **rất이** 사용되고, **rất은 형용사 앞에 위치합니다.**

  예 Hôm qua, tôi gặp cô Mi-jin. Cô ấy rất tốt.

- 말하는 시점에서의 감탄문에 자주 사용되는 quá는, 형용사의 앞 또는 뒤에 위치할 수 있습니다.

  예 Em học giỏi quá!(너 공부 정말 잘하는구나!)

  Tip quá가 형용사 앞에 위치할 때는 더 강조(과한 느낌) 한다고 이해 할 수 있습니다.

- 감탄의 성격을 띤 평서문에 사용되는 lắm은 말하는 시점에서의 감탄문에 자주 사용됩니다.

  예 Hôm qua tôi ăn phở ở tiệm đó. Phở ngon lắm!

1. 회화

Min-soo: Anh làm nghề gì?

Nam: Tôi là nhân viên văn phòng. Còn anh là sinh viên, phải không?

Min-soo: Phải, tôi là sinh viên.

Nam: Rất vui được gặp anh.

민수: 당신은 무슨 일을 합니까?

남: 나는 회사원입니다. 그런데 당신은 대학생이지요, 맞나요?

민수: 맞아요, 저는 대학생입니다.

남: 만나서 반갑습니다.

단어 làm: 하다, 일하다

nghề: 직업 (làm과 결합하여 직업을 묻는 표현임)

gì: 무엇, 무슨 (의문사)

nhân viên: 직원, 요원

văn phòng: 사무실

sinh viên: 대학생

phải không?: 맞습니까?, 그렇지요? (부가/확인 의문문을 만듦)

phải: 맞다, 그렇다, 올바르다

2. 문법

1) 직업 묻고 답하기

- 직업을 묻는 문형은 **[주어 + làm + nghề + gì?]**와 **[Dạo này, 주어 + làm + gì?]**의 문형도 있습니다.

예 Anh **làm nghề gì?**
Dạo này, chị Tuyết **làm nghề gì?**

- 직업을 말하는 문형은 **[주어 + là + 직업명사]** 또는 **[주어 + làm + 직업명사]**의 두 가지가 있습니다.

예 Tôi **là** sinh viên.
Chị ấy **làm** y tá.

2) 평서문 + phải không? (부가/확인 의문문)

상대방에게 이미 알고 있는 사실을 확인하거나 동의를 구할 때 사용하는 형태로, 한국어의 **'~이지요?', '~맞죠?'**와 같은 역할을 합니다.부가 의문문의 형태는 평서문 + phải không?입니다.

- 부가 의문문을 만들 때 동사/형용사, 명사는 문형에 차이가 있습니다. 동사/형용사는 [주어 + 동사/형용사+ phải không?]이며, 명사인 경우 [주어 + **là** + 명사+ phải không?]으로 질문을 만듭니다.

예 Anh gặp thầy Nam phải không? (동사)
Anh Park mệt phải không? (형용사)
Chị **là** sinh viên phải không? (명사)

- 부가 의문문과 ~ không? 형태의 의문문과의 차이는 부가 의문문이 질문을 받는 내용에 대해 보다 현실적인 가능성이 높은 경우입니다.

예 a) Ngày mai, anh gặp thầy Kim không?
(내일 형/오빠는 김선생님 만납니까?)
b) Ngày mai, anh gặp thầy Kim phải không?
(내일 형/오빠는 김선생님 만나지요?)

Tip ~ không?으로 질문한 (a)는 내일 김선생님을 '만날 것인지 아닌지'를 질문 하는 문장이고, ~ phải không?으로 질문한 (b)는 내일 김선생님을 만날 것이라는 사실을 알거나 추측한 상태에서 확인하기 위해 묻는 질문의 형태입니다.

• 부가 의문문의 질문과 긍정/부정 답변 요약

질문	대답(긍정/부정)
주어 + **동사** + **phải không?** Anh gặp thầy Kim phải không?	**Dạ, phải.** 주어 + 동사. Dạ, phải. Tôi gặp thầy Kim.
	Dạ, không phải. 주어 + không + 동사. Dạ, không phải. Tôi không gặp thầy Kim.
주어 + **형용사** + **phải không?** Anh Park mệt phải không?	**Dạ, phải.** 주어 + 형용사. Dạ, phải. Anh Park mệt.
	Dạ, không phải. 주어 + không + 형용사. Dạ, không phải. Anh Park không mệt.
주어 + **là** + **명사** + **phải không?** Anh là sinh viên phải không?	**Dạ, phải.** 주어 + là + 명사. Dạ, phải. Tôi là sinh viên.
	Dạ, không phải. 주어 + **không phải** + **là** + 명사. Dạ, không phải. Tôi không phải là sinh viên.

Tip 짧은 답변도 가능한데, 긍정 답변은 Dạ, phải / Dạ, vâng (네, 맞아요)이며, 부정 답변은 Dạ, không phải (아니요, 아닙니다)를 사용할 수 있습니다. 또한 dạ 없이 긍정 답변은 phải 또는 vâng으로 시작할 수 있으며, 부정 답변의 경우 không 또는 không phải로 시작할 수 있습니다.

[주의] không과 không phải의 부정 범위에 차이가 있는데, 베트남어의 부정어 không과 không phải는 부정하는 대상의 범위가 서로 다릅니다.

- không (부분 부정): 부정의 범위가 바로 뒤에 오는 동사나 형용사에 국한됩니다. 즉, 특정한 행위를 하지 않거나 상태가 아님을 나타낼 때 사용합니다.

예 Anh không ăn phở.
(형은/오빠는 쌀국수를 먹지 않는다. '먹다'라는 행위 부정)

- không phải (포괄적 부정): 부정의 범위가 단어, 구, 절, 문장 전체를 포함합니다. 주로 명사구를 부정하거나, 상대방의 말이나 사실 자체가 틀렸음을 강조할 때 사용합니다.

예 Anh không phải là sinh viên.
(형은/오빠는 대학생이 아니다. '대학생'이라는 정체성/명사구 부정)
Không phải tôi làm.
(내가 한 것이 아니다. '내가 했다'는 문장/사실 전체 부정)

• **의문사 à?도 phải không?과 유사한 기능과 의미**를 갖고 있습니다. 자연스런 회화에서 phải không? 보다 많이 사용되며, 질문하는 내용에 대한 화자의 확정성이 더 높다고 볼 수 있습니다.

예 Anh là người Hàn Quốc à?

문형 연습

1. ~ tên là gì?

Chị	tên	là	gì?

2. ~ tên là ~

Chị (Tôi)	tên	là	Lan.
			Mai.
			Soo-hyun.

3. ~ làm nghề gì?

Anh	làm	nghề	gì?
Chị			
Bác			

4. ~ là (làm) ~

Tôi	là(làm)	kỹ sư.
		ca sĩ.
		tài xế.
		nội trợ.
		giáo viên.
		bác sĩ.

단어 giáo viên: 교사(선생님) | học sinh: 학생 (대학생: sinh viên)
bác sĩ: 의사 | y tá: 간호사
ca sĩ: 가수 | kỹ sư: 기사, 엔지니어
tài xế: 운전사 | nội trợ: 주부

단어

- giáo viên: 교사(선생님)
- học sinh: 학생 (대학생: sinh viên)
- bác sĩ: 의사
- y tá: 간호사
- ca sĩ: 가수
- kỹ sư: 기사, 엔지니어
- tài xế: 운전사
- nội trợ: 주부

5. Em là ~ phải không?

Em là học sinh / sinh viên phải không?

6. Dạ, phải. Em là ~

Dạ, phải. Em là học sinh. / sinh viên.

7. Dạ, không phải. Em không phải là ~

Dạ, không phải. Em không phải là học sinh. / sinh viên.

연습문제

1. 아래 대화를 완성해 보세요.

(Lee, 30세 남자 엔지니어/Mai, 30세 여자간호사)

Lee : Chào chị.

Mai : Chào anh.

Lee : Xin lỗi, ______________________________?

Mai : Tôi tên Mai. Còn anh?

Lee : ______________________________

Mai : Xin lỗi, ______________________________?

Lee : Tôi là kỹ sư. Còn chị?

Mai : ______________________________

Lee : Chi biết chị Liên không?

Mai : Dạ, biết. ______________________________?

Lee : Dạ, phải. Chị Liên cũng là y tá.

2. 아래 제시한 문장의 빈칸에 맞는 것을 고르세요.

(1) Chị Ngọc _______ca sĩ.

ⓐ là ⓑ làm ⓒ có ⓓ a, b đúng

(2) Anh ấy tên là Bình, _______là Toàn.

ⓐ không ⓑ không phải

ⓒ phải không ⓓ tên

3. 아래 제시한 단어를 배열하여 완전한 문장을 만들어 보세요.

(1) sinh viên / là / thầy Kim / là / tôi / giáo viên / còn

____

(2) không phải / bác sĩ / anh ấy / là

____

(3) không / phở / biết / thích / tôi / cô ấy / ăn / gì

_______________________________________?

4. 다음의 독해문을 한국어로 번역해 보세요.

Hôm qua, tôi gặp Bình, Toàn, Hà, Vân, anh Min-woo, anh Ji-min, chị Mai, chị Ngọc, chú Đông, bác Phi, thầy Lee và cô Lan. Chúng tôi ăn, uống và nói chuyện rất nhiều. Chúng tôi ăn cơm, phở và uống cà phê, bia, rượu. Chúng tôi rất vui.

____

____

____

____

단어

uống: 마시다	nói chuyện: 이야기하다
nhiều: 많은	cơm: 밥
phở: 쌀국수	cà phê: 커피
bia: 맥주	rượu: 술

Tip nhiều는 ăn nhiều와 같이 [동사 + nhiều], ăn cơm nhiều와 같이 [동사 + 보어 + nhiều], 그리고 nhiều sinh viên과 같이 [nhiều + 명사]의 결합 형태로 다양하게 사용됩니다.

BÀI 4 CÔ ẤY LÀ NGƯỜI NƯỚC NÀO?

제4과 그녀는 어느 나라 사람입니까?

학습내용

- 국적, 언어 묻고 답하기
- 지시대명사 đây / đó(đấy) / kia
- 의문사 ai?/ gì?/ nào?

1. 회화

Bình: Xin lỗi, chị là người nước nào?

Soo-mi: Tôi là người Hàn Quốc. Còn anh?

Bình: Tôi là người Việt.

Soo-mi: Bây giờ, anh học gì?

Bình: Tôi học tiếng Hàn.

빈: 실례합니다, 당신(누나/언니)은 어느 나라 사람입니까?

수미: 저는 한국 사람입니다. 당신(형/오빠)은요?

빈: 저는 베트남 사람입니다.

수미: 지금 당신은 무엇을 공부합니까?

빈: 저는 한국어를 공부합니다.

단어 người: 사람 / nước : 나라
nào : 어느 (의문사) / Hàn Quốc : 한국
Việt Nam: 베트남 / bây giờ: 지금
học: 공부하다, 배우다 / gì: 무엇(의문사)
tiếng: 언어, 말, 소리 / tiếng Hàn: 한국어

2. 문법

1) 의문사 gì 와 nào 구분

- **국적을 묻고 답할 때** 사용하는 의문사 **nào?**와 이름을 묻고 답할 때 사용하는 의문사 gì?의 실제 사용에 있어 정확한 구분을 잘 못하는 경우가 있습니다. gì는 명사와 동사 모두 결합할 수 있고, nào는 오직 명사와만 결합하는 차이가 있습니다. 해석상으로 둘 다 '무엇, 어떤'의 의미를 표현합니다.

예 Em ăn gì? (O) / Em ăn **nào?** (X)
Em ăn phở gì? (O) / Em ăn phở **nào?** (O)

- 다만, 명사와 결합 할 때 의문사 gì와 의문사 nào 중 어떤 의문사를 사용해야 하는지 고민이 될 수 있는데, **명사와 결합할 때는 보통 gì 보다 nào를 사용하는 것이 더 보편적**입니다. 또한 선택의 상황이 아니더라도 베트남 사람들은 습관적으로 nào를 우선적으로 사용하는 경우가 많습니다.

예 Chúng tôi có cà phê Việt Nam và cà phê nước ngoài. Chị uống cà phê nào? (nào 대신 gì를 사용하는 것은 덜 보편적이기에 이와 같이 앞에 명사가 위치할 때는 nào를 사용하는 것이 훨씬 자연스러운 표현임)
Em sống ở thành phố nào?

단어 sống: 살다　　thành phố: 도시
ở: ~에(동사와 결합) / 살다(동사)

2) 국적 묻고 답하기

• 국적을 표현하는 단어는 [người + 나라이름]입니다. 보통 일상대화에서 người Việt Nam을 줄여서 người Việt으로 사용합니다.

예 người Việt / người Hàn / người Nhật / người Trung Quốc

• 국적을 묻는 질문은 **[주어 + là + người + nước nào?]**입니다.

예 Ông là người nước nào?
Anh Park là người nước nào?
Chị Mai là người nước nào?

• 국적에 대한 질문에 대답하는 문형은 **[주어 + là + người + 나라이름]** 입니다.

예 Tôi là người Mỹ.
Anh Park là người Hàn Quốc.
Chị Mai là người Việt.

3) 나라 말 묻고 답하기

- 나라 말은 **[tiếng + 나라 이름]**으로 표현합니다. 국적과 마찬가지로 tiếng Việt Nam을 줄여서 tiếng Việt으로 사용합니다.

예 tiếng Việt / tiếng Anh / tiếng Hàn / tiếng Trung Quốc

Tip 영어의 경우 tiếng Mỹ를 사용하지 않고 tiếng Anh을 사용한다는 점 주의가 필요합니다. 그렇다면 영국식 영어, 미국식 영어는 어떻게 표현하는지 궁금할 수 있는데, '영국식 영어'는 tiếng Anh-Anh, '미국식 영어'는 tiếng Anh-Mỹ로 사용할 수 있습니다. 또한 언어 자체보다는 발음이나 억양의 차이를 강조할 때는 '목소리/억양'을 뜻하는 giọng을 사용합니다. 그래서 giọng Anh-Anh은 '영국식 억양'으로 giọng Anh-Mỹ는 '미국식 억양'으로 구분하여 사용할 수 있습니다.

- 나라 말을 묻는 질문은 **[주어 + 동사 + tiếng + gì?]** 표현 입니다.

예 Anh học tiếng gì?
Chị ấy nói tiếng gì?

- 나라 말을 묻는 질문에 대한 대답은 **[주어 + 동사 + tiếng + 나라 이름.]**입니다.

예 Tôi học tiếng Việt.
Chị ấy nói tiếng Hàn.

1. 회화

Min-ho: Anh Thắng ơi, người kia là ai?

Thắng: Kia là cô Ji-soo.

Min-ho: Hôm qua anh uống cà phê với cô Ji-soo, phải không?

Thắng: Phải. Cô Ji-soo là giáo viên dạy tiếng Hàn.

민호: 탕 형, 저 사람은 누구인가요?

탕: 저분은 지수 선생님이야.

민호: 어제 형이 지수 선생님과 함께 커피를 마셨지요, 그렇지요?

탕: 맞아. 지수 선생님은 한국어를 가르치는 선생님이야.

단어 kia: 저분, 저사람 (지시대명사로 화자와 청자에게서 멀리 떨어져 있는 사람, 사물, 장소를 지칭할 때 사용할 수 있음)

ai: 누구 (의문사) với: ~와 함께

giáo viên: 교사, 선생님 dạy: 가르치다

2. 문법

1) 지시대명사 đây, đó / đấy, kia

- 지시대명사 kia는 화자와 청자가 모두 멀리 있는 경우의 대상을 지칭할 때 '저분', '저것', '저곳'이라는 의미로 사용하며, 사람, 사물, 장소에 모두 사용할 수 있습니다. 화자와 청자 가까이 있는 대상을 지칭할 때 '이분', '이것', '이곳'의 의미로 đây를, 화자에게는 멀리 있지만 청자에게는 가까이 있는 경우 '그분', '그것', '그곳'의 의미를 갖고 있는 지시대명사 đó / đấy를 사용합니다. 보통 서술문에서 là와 함께 사용되기에 đây là, đó là, kia là와 함께 익혀두기 바랍니다.

예 **Đây là** anh Park
Đó là chị Mai
Kia là anh Thắng

- 알 수 없는 물건에 대해 질문할 때, 해당 물건과 화자와 청자의 거리에 따라 [Đây là/Đố(Đấy) là/Kia là) + cái gì?]라는 문형을 사용하여 질문 할 수 있고, 대답은 대답하는 사람과 해당 물건의 거리에 따라 적절하게 대답하면 됩니다.

예 Đây là cái gì? → Đây là cái bàn / Đó(Đấy) là cái bàn / Kia là cái bàn.

2) 이, 그, 저 này / đó / kia

• 명사 뒤에 này / đó / kia를 사용하여 어떤 사물을 확정적으로 가리키는 경우 [명사 + này / đó / kia]를 사용하여 '이 명사', '그 명사', '저 명사'로 해석됩니다.

예 cái bàn này '이 책상' / người này '이 사람'
cái bàn đó '그 책상' / người đó '그 사람'
cái bàn kia '저 책상' / người kia '저 사람'

3) 의문사 ai

• 의문사로 '누구입니까?'의 의미이며, 주어를 물을 때는 [Ai + 동사/형용사?] 문형을 사용합니다.

예 Ai là người Hàn Quốc? '누가 한국 사람입니까?'
Ai thích cà phê? '누가 커피를 좋아합니까?'

• 동사의 보어 역할을 하는 사람이 누구인지 질문할 때는 [주어 + 동사 + ai?]의 문형으로 질문할 수 있습니다.

예 Thầy thích ai?

• **'~와 함께'** 라는 전치사 **với**와 함께 사용하는 [주어 + 동사 + với ai?] 문형도 있습니다.

예 Em uống cà phê với ai? '너는 누구와 커피를 마시니?'

문형 연습

1. ~ là người nước nào?

Anh Chị Ông Bà Thầy Cô	là	người	nước nào?

2. Tôi là người ~

Tôi	là	người	Việt. Hàn Quốc. Nhật. Trung Quốc. Thái Lan. Mỹ. Anh. Pháp. Đức. Ý. Nga. Úc. Tây Ban Nha.

3. Đây / Đó / Kia là cái gì?

Đây là	cái gì?
Đó là	
Kia là	

4. Đây / Đó / Kia là ~

Đây là	cái bàn.
Đó là	
Kia là	

5. Em ~ ai?

Em	thích	ai?
	không thích	

6. Em ~

Em	thích	Bình
	không thích	Toàn

7. Chị ~ với ai?

Chị	ăn cơm	với	ai?
	uống cà phê		
	nói chuyện		
	học tiếng Việt		

8. Tôi ~ với ~

Tôi	ăn cơm	với	chị Lan.
	uống cà phê		anh Kim.
	nói chuyện		Hà.
	học tiếng Việt		anh Bình

연습문제

1. 아래 제시한 문장의 빈칸에 맞는 것을 고르세요.

(1) Xin lỗi, anh là người nước ___________?

ⓐ gì　ⓑ nào　ⓒ đâu　ⓓ ai

(2) Ngày mai, chị học _________________?

ⓐ gì　ⓑ nào　ⓒ đâu　ⓓ ai

(3) Em biết Bình và Toàn. _____là bạn của chị?

ⓐ gì　ⓑ nào　ⓒ đâu　ⓓ ai

(4) Anh uống cà phê với _______________?

ⓐ gì　ⓑ nào　ⓒ đâu　ⓓ ai

2. 아래 제시한 단어를 배열하여 완전한 문장을 만들어 보세요.

(1) ấy / cô / người / Quốc / là / Hàn /.

____

(2) là / bạn / ai? / của / anh /.

____

(3) cà / với / uống / phê / hôm / tôi / qua / Ji-soo / .

____

3. 빈 칸에 알맞은 나라 이름을 넣어 보세요.

(1) Anh ấy sống ở Busan. Busan ở ____________________.

(2) Chị Lan sống ở T/p. HCM. T/p. HCM ở ______________.

(3) Cô Norie sống ở Tokyo. Tokyo ở _________________.

(4) Ông David sống ở London. London ở _______________.

단어 sống : 살다 ở: ~ 에 /살다

4. 다음의 독해문을 한국어로 번역해 보세요.

Đây là anh Peter. Đó là chị Soo-mi. Anh Peter là người Mỹ, còn chị Soo-mi là người Hàn Quốc. Chị Soo-mi học tiếng Việt với anh Peter. Kia là thầy Kang. Thầy Kang dạy gì cũng rất hay.

____

____

____

____

BÀI 5 BÂY GIỜ CHỊ SỐNG Ở ĐÂU?

제5과 지금 어디에 살고 있습니까?

학습내용

- 의문사 ở đâu? / đâu? / gì? / mấy?
- 숫자 익히기
- 주소 말하기
- 연월일 말하기
- 종별사(분류사)
- để의 활용

1. 회화

Min-ho: Chị Lan ơi, bây giờ chị sống ở đâu?

Lan: Chị sống ở số 213, đường Nam Kỳ Khởi Nghĩa, thành phố Hồ Chí Minh. Còn nhà em ở đâu?

Min-ho: Dạ, nhà em ở số 162, đường Lê Thánh Tôn.

Lan: Nhà chị và nhà em gần nhau quá!

Min-ho: Dạ, đúng rồi.

민호: 란 누나, 지금 어디에 살고 있어요?

란: 누나는 호찌민시 남끼커이응이어 거리 213번지에 살아. 너는? 네 집은 어디니?

민호: 네, 저희집은 레탄똔 거리 162번지에 있어요.

란: 누나 집이랑 너희 집이 정말 가깝구나!

민호: 네, 맞아요.

단어 bây giờ: 지금
sống: 살다, 거주하다
số: 번지, 번호
đường / phố: 거리, 도로
nhà: 집
quận: 군(구), 행정구역 단위
thành phố: 시, 도시
gần nhau: 서로 가깝다
quá: 아주, 정말 (강조)

2. 문법

1) 의문사 ở đâu? / đâu?

- [주어 + ở đâu?]는 주어가 위치하고 있는 **장소를 묻는** 표현으로, '주어가 어디에 있느냐?'는 질문입니다.

예 Siêu thị Lotte mart ở đâu?

- [주어 + 동사 + ở đâu?]는 행위가 일어나는 장소를 묻는 표현으로, '주어가 어디에서 동사하느냐?'로 해석됩니다.

예 Chị sống **ở đâu?**
Anh uống cà phê **ở đâu?**

- [주어 + 방향성 동사 + đâu?]는 행위의 목적지를 묻는 표현입니다. 이 문형에서 방향성 동사란 đi, đến, về 등과 같은 동사를 의미합니다.

예 Ngày mai, chị đi **đâu?**
Bây giờ, chúng ta đến **đâu?**

2) 동사/전치사 ở

- 동사로 '거주/자리에 있다', '존재하다'는 의미를 갖고 있습니다.

  예 Hôm qua, tôi **ở** nhà.

- 동사와 결합하여 **'~에'**라는 의미를 갖는 전치사로 사용됩니다.

  예 Anh ấy sống **ở** Việt Nam.
  Tôi ăn cơm **ở** nhà.

3) 주소 묻고 답하기

- 주소를 답할 때는 số '번지', đường 또는 phố '거리', quận '구', thành phố '도시'로 대답하는데, 주소는 **한국어와 반대로 작은 단위에서 큰 단위 순서**로 말합니다. '거리' 명과 '구' 명은 숫자일 수도 있고, 글자일 수도 있습니다. 번지 '18'은 'số 18'로 읽고, 골목 안에 있는 집 번지인 '33/29'는 읽을 때 'số 33 trên 29'로 읽습니다. '호찌민시 1군 레타잉똥 거리 162번지'를 베트남어로 읽으면 'số 162, đường Lê Thánh Tôn, quận 1, thành phố Hồ Chí Minh'이 됩니다.

Tip 베트남 행정구역 및 지명 사용 시 주의사항

1. Quận 1, Quận 3와 같이 숫자로 명명된 구를 읽을 때는 숫자 앞에 số를 붙이지 않습니다.
   - Hà Nội, Đà Nẵng, Cần Thơ와 같이 대부분의 도시를 지칭할 때는 보통 thành phố '시'를 생략하고 지명만 읽는 것이 자연스럽습니다.
   - 호찌민시는 반드시 thành phố를 붙여 읽어야 합니다. 'thành phố (시)'를 제외하고 '호찌민'이라고만 부르면 도시 지명이 아니라 베트남의 국부이자 역사적 지도자인 호찌민 주석의 성함이 되기 때문입니다.

• 주소를 묻는 표현은 **[주어 + sống + ở đâu?]**와 같이 '어디에 살고 있나요?'라 묻는 방법 외에 정확한 주소를 직접 질문 하는 빙법도 있습니다. 이 문형은 [주소 + 대상 + ở đâu?] 문형입니다.

예 Địa chỉ của chị ở đâu? → Địa chỉ của tôi ở số 15/21, đường Nguyễn Thị Minh Khai, quận 1, thành phố Hồ Chí Minh.

4) 숫자

베트남어 숫자는 언뜻 보기에 불규칙하고 복잡해 보일 수 있습니다. 특히 10 단위 이상의 숫자가 결합할 때 나타나는 미세한 변형 때문에 많은 학습자가 초기에 어려움을 겪기도 합니다. 하지만 **0부터 10까지의 기본 숫자를 정확히 익힌 뒤**, 결합 과정에서 발생하는 **특정 숫자(1, 5, 10 등)의 변형 규칙만 체계적으로 이해**한다면 누구나 쉽고 정확하게 숫자를 익힐 수 있습니다.

• 숫자 0부터 99까지 읽는 법

0 không	1 một	2 hai	3 ba	4 bốn
5 năm	6 sáu	7 bảy	8 tám	9 chín
10 mười	11 mười một	12 mười hai	13 mười ba	14 mười bốn
15 mười **lăm**	16 mười sáu	17 mười bảy	18 mười tám	19 mười chín
20 hai **mươi**	21 hai mươi **mốt**	22 hai mươi hai	23 hai mươi ba	24 hai mươi bốn
25 hai mươi **lăm**	26 hai mươi sáu	27 hai mươi bảy	28 hai mươi tám	29 hai mươi chín

30 ba **mươi**	31 ba mươi **mốt**	32 ba mươi hai	33 ba mươi ba	34 ba mươi bốn
35 ba mươi **lăm**	36 ba mươi sáu	37 ba mươi bảy	38 ba mươi tám	39 ba mươi chín
40 bốn **mươi**	50 năm **mươi**	60 sáu **mươi**	70 bảy **mươi**	80 tám **mươi**
90 chín **mươi**	91 chín mươi **mốt**	92 chín mươi hai	93 chín mươi ba	94 chín mươi bốn
95 chín mươi **lăm**	96 chín mươi sáu	97 chín mươi bảy	98 chín mươi tám	99 chín mươi chín

• 숫자 100부터 999까지 읽는 법

100 một trăm	101 một trăm **lẻ** một	102 một trăm **lẻ** hai	103 một trăm **lẻ** ba
104 một trăm **lẻ** bốn	105 một trăm **lẻ** năm	106 một trăm **lẻ** sáu	107 một trăm **lẻ** bảy
108 một trăm **lẻ** tám	109 một trăm **lẻ** chín	110 một trăm mười	190 một trăm chín mươi
200 hai trăm	300 ba trăm	400 bốn trăm	500 năm trăm
600 sáu trăm	700 bảy trăm	800 tám trăm	900 chín trăm
901 chín trăm **lẻ** một	950 chín trăm năm mươi	980 chín trăm tám mươi	990 chín trăm chín mươi
991 chín trăm chín mươi **mốt**	995 chín trăm chín mươi **lăm**	998 chín trăm chín mươi tám	999 chín trăm chín mươi chín

• 숫자 1000 이상 읽는 법

1000 một nghìn	1001 một nghìn không trăm lẻ một

1009 một nghìn không trăm lẻ chín	1010 một nghìn không trăm mười
1100 một nghìn một trăm	1999 một nghìn chín trăm chín mươi chín
2000 hai nghìn	3000 ba nghìn
9000 chín nghìn	10000 mười nghìn
10001 mười nghìn không trăm lẻ một	11000 mười một nghìn
20000 hai mươi nghìn	90000 chín mươi nghìn
99999 chín mươi chín nghìn chín trăm chín mươi chín	100000 một trăm nghìn
100001 một trăm nghìn không trăm lẻ một	101001 một trăm lẻ một nghìn không trăm lẻ một
200000 hai trăm nghìn	700000 bảy trăm nghìn
900000 chín trăm nghìn	1000000 một triệu
2000000 hai triệu	10000000 mười triệu
100000000 một trăm triệu	900000000 chín trăm triệu
987654321 chín trăm tám mươi bảy **triệu,** sáu trăm năm mươi bốn **nghìn,** ba trăm hai mươi mốt	999999999 chín trăm chín mươi chín **triệu,** chín trăm chín mươi chín **nghìn,** chín trăm chín mươi chín
1000000000 một tỷ	10000000000 mười tỷ
90000000000 chín mươi tỷ	100000000000 một trăm tỷ

• 기타 숫자 읽는 법

번지 수	305	ba trăm linh năm / ba linh năm ba trăm lẻ năm / ba lẻ năm
방 호수	305	ba linh năm / ba lẻ năm / ba không năm
전화번호	20500678	hai-không-năm-không-không-sáu-bảy-tám
수치기호	0,1	không phẩy một
수치기호	0,1234	không phẩy một hai ba bốn
수치기호	0.2	không chấm hai
수치기호	1/3	một phần ba
수치기호	75%	bảy mươi lăm phần trăm

• 베트남어로 아라비아 숫자를 읽을 때 일부 변형 규칙에 주의해야 합니다.

□ 15의 숫자 5는 'năm'이 아닌 **'lăm'**으로, 25부터 95까지의 5는 'năm'을 **'lăm / nhăm'**으로 바뀜

□ 21, 31, ...91의 '1'은 'một'이 **'mốt'**으로 바뀜

□ 20, 30, ...90의 'mười'가 성조 없는 **'mươi'**로 바뀜

□ 200이상의 숫자 중 일의 자리 '4'는 서수 tư로 사용할 수 있음

□ 세 자릿수 이상의 숫자에서 십의 자릿수 가 '0'인 경우 **'linh**(북부) 또는 **lẻ**(남부)'라 읽음

□ 네 자릿수 이상의 숫자에서 백의 자릿수 가 '0'인 경우 **'không trăm'**이라 읽음

□ 천 단위의 경우 **북부는 nghìn**을 **남부는 ngàn**을 사용하고 있음

□ 베트남에서 **천 단위** 표기는 쉼표(,)가 아닌 **마침표(.)를 사용**

Tip 베트남어 단위를 표기할 때 [단위 + rưỡi]를 자주 사용하고 있는데, **rưỡi는 '앞에 위치한 단위의 그 절반'**이라는 의미를 갖고 있습니다.

즉, 해당 단위에 반을 더한다는 의미입니다. 숫자를 읽을 때도 곧잘 사용하는데 1500이라는 숫자를 'một trăm năm mươi'라 읽을 수도 있고, rưỡi를 사용하여 'một trăm rưỡi'라 읽을 수 있습니다. 즉, '백'과 백의 반인 '오십'을 더해 '백오십'이 되는 것입니다.

1. 회화

Lan: Chào Jin-ho. Chị em mình biết nhau lâu rồi nhỉ.

Jin-ho: Dạ đúng rồi, đã lâu rồi chị ạ.

Lan: Jin-ho đến Việt Nam năm bao nhiêu?

Jin-ho: Dạ, em đến Việt Nam năm 2020.

Lan: Em đến ngày mấy, tháng mấy? Em còn nhớ không?

Jin-ho: Dạ, nhớ chứ. Em đến vào ngày 1 tháng 3.

Lan: Ngày đó là thứ mấy?

Jin-ho: Dạ, hôm đó là chủ nhật.

Lan: Ôi, em nhớ giỏi quá! Thế tuần sau em có kế hoạch gì không?

Jin-ho: Tuần sau em sẽ đi Nha Trang để gặp một người bạn.

Lan: Ừ, chúc em đi chơi vui vẻ nhé!

란: 안녕 진호야. 우리가 서로 알게 된 지 꽤 되었구나.

진호: 맞아요 누나, 정말 오래됐네요.

란: 진호 너는 몇 년도에 베트남에 왔었니?

진호: 네, 저는 2020년에 베트남에 왔어요.

란: 몇 월, 며칠에 왔어? 아직 기억하니?

진호: 네, 기억하고말고요. 3월 1일에 왔어요.

란: 그날이 무슨 요일이었니?

진호: 네, 그날은 일요일이었어요.

란: 오, 너 정말 기억을 잘하는구나! 그런데 다음 주에 무슨 계획 있니?

진호: 다음 주에 친구를 만나기 위해서 나짱에 갈 거예요.

란: 그래, 즐거운 여행이 되길 바랄게!

단어 nhỉ: ~군요, ~네, ~지?(확인과 동의 구하기)

biết nhau: 서로 알다 　lâu rồi: 오래되다

năm: 연 　tháng: 월

ngày: 일 　bao nhiêu: 얼마/몇(의문사)

mấy: 몇(의문사) 　nhớ: 기억하다

chứ: ~하고말고요, 당연히 ~이죠 (강한 긍정과 확신)

chủ nhật: 일요일 　kế hoạch: 계획

để: ~하기 위해서(목적) 　gặp: 만나다

chúc: 기원하다 　vui vẻ: 즐겁다

nhé: ~하자, ~할게, ~해요

2. 문법

1) 의문사 mấy / bao nhiêu

• 이 두 의문사를 명사 앞에 두면 명사의 수를 묻는 질문이 됩니다. 베트남어에서 숫자를 묻는 의문사는 **예상되는 숫자의 크기**에 따라 두 가지로 나뉘는데, 먼저 **mấy는 주로 10 이하의 작은 숫자**를 예상할 때나 월, 요일, 시간과 같이 **'정해진 범위 내에서 반복되는 숫자'**를 물을 때 사용합니다. 반면 **bao nhiêu는 10 이상의 큰 숫자**가 대답으로 예상되는 **연도, 날짜(일), 가격, 혹은 수량이 많은 대상**을 물을 때 사용합니다. 다만 '날짜(일)'에 대해 질문할 때는 한 달 중 10 이하의 날도 있고 11 이상의 날짜도 공존하기 때문에, 화자가 확실히 10 이하의 날 즉, 초하루나 초이틀과 같은 날을 예상하고 질문하는 경우 ngày mấy를 사용하여 질문할 수도 있습니다. 또한 연도의 경우 năm nào를 사용하여 질문하는 것도 가능합니다.

예 tháng mấy? / thứ mấy?
ngày bao nhiêu? / năm bao nhiêu? / bao nhiêu tiền?

• 명사 중에서 **가산 명사와 불가산 명사 모두에 사용**할 수 있는 의문사는 **bao nhiêu**이고, **가산 명사에만 사용**할 수 있는 의문사가 **mấy**입니다. 예를 들면, 책은 가산 명사이고, 돈은 불가산 명사입니다.

예 Anh có mấy quyển sách? (O)
Anh có bao nhiêu quyển sách? (O)
Anh có bao nhiêu tiền? (O)
Anh có mấy tiền? (X)

- 참고로, 명사구 어순의 경우 일반적인 명사는 [종별사 + 명사] 구조로 쓰이며, 지시 대명사와 결합할 때는 [종별사 + 명사 + 지시 대명사]로 사용됩니다. 종별사 / 분류사는 명사 앞에 위치하여 그 명사가 어떤 종류에 속하는지 구분해 주는데 동물이나 사물에 그 각각의 종별사가 따로 있습니다. 대표적인 종별사는 cái(무생물, 일반 사물), con(동물 및 눈·심장 등 생명력이 느껴지는 신체 부위), chiếc(탈것, 기계류, 한 쌍 중 한 개), quyển/cuốn(책, 공책 등 묶음 형태), tờ(종이, 지폐, 신문 등 얇은 것)와 quả(과일, 공과 같이 둥근 것)가 있으며, 구어체에서 단순히 사물을 지칭할 때는 생략되기도 하지만, 숫자와 결합하거나 특정 대상을 한정(này, kia 등)할 때는 반드시 필요합니다.

예 **Cái ghế này** thấp quá.(**이 의자는** 너무 낮다.)
Quả bóng này là của tôi.(**이 공은** 제 것입니다.)
Bạn có thấy **ba con mèo kia** không?
(**저**기 있는 **고양이 세 마리** 보여요?)
Tôi sẽ thuê **hai chiếc xe này**.
(저는 **이 차 두 대**를 빌릴 거예요.)

Tip **'연/월/일 + 숫자'와 '숫자+연/월/일'의 차이**

'ngày + 숫자'가 날짜를 의미하는 것은, 숫자가 뒤에 올 때 자연스럽게 서수의 의미를 갖기 때문입니다. 예를 들어, 10일은 한 달 31일 중에서 10번째의 날이기 때문에 ngày 10 즉, 10번째의 날로 표현하는 것입니다. 만약 '숫자 + ngày'로 사용한다면 이것은 '며칠 동안'이라는 기간을 의미하게 됩니다. 즉, 10 ngày는 10일동안의 기간을 의미하는 것입니다.

Tip **연도를 묻는 의문사의 선택**

연도를 질문할 때는 năm bao nhiêu?와 같이 질문하는 것이 일반적입니다. 즉, 숫자의 규모가 크기 때문에 연도를 물을 때 가장 표준

적이라 할 수 있습니다. 하지만, năm mấy?와 같이 질문하는 경우도 있는데, 이는 일상적인 대화에서 제한적으로 가까운 과거의 연도나 가벼운 질문을 할 때 사용되기도 합니다.

Tip **나이를 질문하는 두 가지 방법**

일상생활에서 상대방의 나이를 질문할 때는 예상되는 숫자의 크기를 기준으로 mấy와 bao nhiêu를 구분하여 사용합니다. 화자가 판단하기에 **상대방의 나이가 어리다고 생각될 때는 mấy를 사용**하고, **나이가 많거나 나이를 짐작하기 어려울 때는 bao nhiêu를 사용**하여 질문합니다. 보통 10세 미만의 어린이에게는 Cháu mấy tuổi? 또는 Con mấy tuổi?와 같이 질문하며, 그 이상의 연령대에는 앞서 설명한 바와 같이 bao nhiêu를 활용하여 상대가 남성인 경우 Anh bao nhiêu tuổi?와 같이 질문합니다. 즉, 상대방의 외모나 상황에 따라 mấy와 bao nhiêu를 적절히 선택하여 질문해야 결례를 피할 수 있습니다.

- 의문사 mấy는 보통 명사 뒤에 위치합니다. 이러한 **[명사 + mấy?]** 문형에 주로 사용되는 예로는 **'몇 번'**, **'몇 구'**, **'몇 페이지'**, **'몇 과'** 등도 있습니다.

예 số mấy? / quận mấy? / trang mấy? / bài mấy?

2) 베트남어 서수

- 베트남어에서 순서를 나타내는 **서수는 기본 숫자(기수) 앞에 thứ**를 붙여 만듭니다. 한국어의 '~번째', '~째'와 같은 의미를 가집니다. 다만, '첫 번째'와 '네 번째' 그리고 10 단위 이상의 큰 수에서 쓰이는 특정 숫자들은 기수와 다른 특별한 형태를 사용하므로 주의 깊게 익혀야 합니다.
- 기본 형태는 [thứ + 숫자(기수)]로 숫자 앞에 thứ만 붙이면 서수가 됩

니다.

예 thứ hai '두 번째' / thứ ba '세 번째' / thứ mười '열 번째'

- **주의해야 할 불규칙 서수**는 첫 번째와 네 번째인데, 서수로 쓰일 때는 단어의 형태가 변형됩니다. 서수에서 첫 번째 1은 một이 아닌 nhất으로, 네 번째의 4는 bốn이 아닌 tư로 변형됩니다.

예 thứ nhất '첫 번째' / thứ tư '네 번째'

- **십 단위 이상의 서수 변형** 중 **1, 4, 5의 변형에 주의**해야 합니다.

예 thứ hai mươi mốt '21번째' / thứ hai mươi tư '24번째'/
thứ hai mươi lăm '25번째'

- 베트남어의 **요일 표현**은 **chủ nhật '일요일'**을 **제외하고,** 월요일부터 토요일까지 **숫자 서수를 사용**하여 나타냅니다. 특이한 점은 **월요일**을 '첫 번째'가 아닌 **thứ hai '두 번째'**부터 시작하여 토요일인 thứ bảy '일곱 번째'까지 차례대로 부른다는 것입니다.

예 thứ hai '월요일' / thứ ba '화요일' / thứ tư '수요일' /
thứ năm '목요일' / thứ sáu '금요일' / thứ bảy '토요일'

- 베트남어로 요일을 묻는 표현은 의문사 mấy를 활용하여 thứ mấy의 형태이며, 다음과 같이 묻고 답할 수 있습니다.

예 Hôm nay là thứ mấy? (오늘은 무슨 요일입니까?)
Ngày 18 là thứ mấy? (18일은 무슨 요일입니까?)

3) Để '~ 하기 위해'

- 보통 **để가 동사 뒤에 위치**하여 해당 동작의 **목적이나 의도**를 표현하며, 한국어의 '~하기 위해(서)'로 번역됩니다.

예 Tôi học tiếng Việt để làm việc ở Việt Nam.
(나는 베트남에서 일하기 위해 베트남어를 공부합니다.)

- 상대방에게 어떤 행위를 하는 목적이나 의도를 물을 때는 의문사와 결합하여 **[주어 + 동사 + để làm gì?]** 문형을 사용합니다. 이는 한국어의 '무엇을 하기 위해 ~합니까?'라는 의미가 됩니다.

예 Em đi Đà Nẵng để làm gì? (너는 다낭에 무엇하러 가니?) →
Em đi Đà Nẵng để thăm một người bạn.
(친구를 만나기 위해 다낭에 갑니다.)

문형 연습

1. ~ sống ở đâu?

Anh	sống	ở	đâu?
Chị			
Em			
Thầy			
Cô			

2. ~ sống ở ~

Anh	sống	ở	số 213, đường Lê Thánh Tôn.
Chị			
Em			
Thầy			
Cô			

3. ~ năm bao nhiêu?

Anh	sinh	năm	bao nhiêu?
Chị			
Em			
Thầy			
Cô			

4. ~ năm ~

Anh	sinh	năm	1990
Chị			1995
Em			2002
Thầy			1974
Cô			1988

5. Hôm nay là ~

Hôm nay	là	chủ nhật
		thứ hai
		thứ ba
		thứ tư
		thứ năm
		thứ sáu
		thứ bảy

6. ~ để làm gì?

Anh	đi Đà Nẵng	để	làm	gì?
Chị				
Em				
Thầy				
Cô				

연습문제

1. 다음 빈칸에 가장 알맞은 의문사를 고르세요.

(1) Chị sống ở ________________?

ⓐ gì　　ⓑ nào　　ⓒ đâu　　ⓓ ai

(2) Hôm nay là thứ ____________?

ⓐ mấy　　ⓑ bao nhiêu　　ⓒ gì　　ⓓ đâu

(3) Anh sinh năm ______________?

ⓐ mấy　　ⓑ bao nhiêu　　ⓒ gì　　ⓓ đâu

(4) Chị đi Nha Trang để làm _____?

ⓐ gì　　ⓑ nào　　ⓒ đâu　　ⓓ mấy

2. 다음 숫자를 베트남어로 적어 보세요.

(1) 15: ____________________________

(2) 21: ____________________________

(3) 95: ____________________________

(4) 105: ___________________________

(5) 1.001: _________________________

(6) 2.500.000: _____________________

(7) 150: ___________________________

3. 다음 수치 기호를 베트남어로 읽는 법을 적어 보세요.

(1) 0,5: ______________________________

(2) 3/4: ______________________________

(3) 80%: ______________________________

(4) 33/29 번지: ________________________

4. 아래 제시한 단어를 배열하여 완전한 문장을 만들어 보세요.

(1) sống / 162 / ở / số / em / đường / Tôn / Lê / Thánh

(2) đi / làm / để / gì / Đà Nẵng / anh / ?

(3) là / đó / ngày / chủ nhật / .

BÀI 6 ANH ĐẾN TRƯỜNG LÚC MẤY GIỜ?

제6과 몇 시에 학교에 갑니까?

학습내용

- 시간 묻고 답하기
- 과거시제 đã
- 미래시제 sẽ
- 현재진행 đang
- 변형 현재시제 …đó? / …đấy?

1. 회화

Min-su: Xin lỗi chị Hà, bây giờ là mấy giờ?

Hà: Dạ, bây giờ là 10 giờ 30.

Min-su: Chị làm gì đó?

Hà: Chị đang xem tivi.

민수: 실례지만, 하 누나. 지금 몇 시죠?

하: 응, 지금은 10시 30분이야.

민수: 누나는 지금 무엇을 하고 있나요?

하: 나는 TV를 보고 있어.

단어 bây giờ: 지금, 현재 giờ: 시

phút: 분 đang: ~하는 중이다 (현재진행)

xem: 보다 tivi: 텔레비전

đó / đấy: 문장 끝에 쓰여 현재 동작을 강조하거나 질문에 생동감을 주는 어조사

2. 문법

1) 시간 묻고 답하기

- 시간을 묻는 문형은 **[mấy + giờ?]**입니다.

예 Bây giờ là mấy giờ?

- 어떤 행위나 상태가 벌어지는 시간을 묻는 문형은 [주어 + 동사 / 형용사 + lúc mấy giờ?]를 사용합니다.

예 Anh ấy đến trường lúc mấy giờ?

- 다른 형태의 질문 문형은 [Mấy giờ + 주어 + 동사?]이 있습니다.

예 Mấy giờ em ấy đến trường?

- 시간에 대해 시, 분, 초까지 답해야 할 경우 순서대로 시, 분, 초 순서로 답하면 됩니다.

예 **Bây giờ là 3 giờ 25 phút 15 giây.**

- 자연스러운 대화에서는 정확하게 대답하지 않고 보통 '몇 시 몇 분'정도만 답하는 경우가 대부분입니다. 베트남 사람들이 giờ를 줄여서 g만 쓰는 경우도 많습니다.

  예 Bây giờ là 3 giờ 15.

- 다른 방식으로 시간을 답할 수 있는데, 정각을 표시하는 **đúng**을 뒤에 붙이거나, 30분을 뜻하는 **rưỡi**를 붙이는 방법, 그리고 '2시 45분'의 경우 '3시에서 15분 부족하다'는 표현을 활용하여 시간에 대해 답할 수 있습니다.

  예 2 giờ → 2 giờ đúng / 5 giờ 30 → 5 giờ rưỡi /
  2 giờ 45 → 3 giờ **kém** 15

- **하루를 오전(4~11시), 점심(11~13시), 오후(13~18시), 저녁(18~23시), 밤(23시 이후)**으로 나누기도 합니다. 오해를 피하기 위해서 시간 뒤에 이러한 단어를 붙여 사용하면 오전, 오후에 대한 구분을 명확히 할 수 있습니다.

  예 6g sáng / 6g tối / 12g trưa / 12g đêm / 5g chiều

2) 시제 (과거 đã /현재 진행 đang /미래 sẽ)

- 동사, 형용사 앞에 đã를 위치시켜 과거를 표현합니다. 문장 내에 과거 시간을 표현하는 단어가 있을 경우 일상 회화에서는 đã를 생략할 수 있습니다.

  예 Hôm qua, tôi (đã) đi bệnh viện.
  Em ấy đã đi du lịch rất nhiều.

• 미래시제는 sẽ를 동사, 형용사 앞에 위치시켜 표현합니다. 과거 시제와 마찬가지로 문장 내 미래 시간을 표현하는 단어가 있을 경우 일상 회화에서는 sẽ를 생략할 수 있습니다.

예 Ngày mai, tôi (sẽ) đi bệnh viện.
Em ấy sẽ đi du lịch.

• 현재진행 시제는 đang을 동사, 형용사 앞에 위치시켜 표현합니다. 다른 시제와 마찬가지로 현재를 표현하는 단어가 있을 때는 일상 회화에서 đang을 생략할 수 있습니다.

예 Tôi đang học tiếng Việt.
Bây giờ, tôi (đang) học tiếng Việt.

3) 변형 현재시제 (~ đó? / ~ đấy?)

• 현재의 어떤 내용을 물을 때는 보통 đang을 같이 사용합니다. 즉, 문형은 [đang + 동사 + gì?] 또는 [đang + 동사 + ở đâu?]입니다.

예 Anh đang làm gì?
Anh đang làm việc ở đâu?

• 문장 끝에 사용되는 đó와 đấy는 현재진행 시제를 만드는 đang과 유사한 기능으로 쓰입니다. 보통 화자와 청자가 직접 대화하는 상황에서 질문 끝에 이를 붙여 현재의 동작을 강조할 수 있습니다. 이처럼 đó나 đấy가 사용될 경우 đang을 반드시 사용할 필요는 없으며, 오히려 생략하는 것이 더욱 일반적이고 자연스럽습니다.

예 Anh (đang) làm gì đó? (당신 뭐 하고 있어요?)
Chị (đang) đi đâu đấy? (누나 어디 가고 있어요?)

- 단, 화자와 청자가 직접 대면하지 않은 상황이거나 제3자의 행동을 물을 때는 이 방식(đang 생략 + đó/đấy)을 사용할 수 없습니다. 이때는 반드시 đang을 넣어 진행 상태를 명확하게 표현해야 합니다.

예 Bây giờ, chị ấy đang làm gì? (O)
Bây giờ, chị ấy đang làm gì đó? (X)

1. 회화

Trang: A! Chào anh Min-ho. Anh đi đâu đó?

Min-ho: A! Chào Trang. Anh đi học. Còn em?

Trang: Em đi siêu thị. Hôm nay, em không có lớp.

Min-ho: Thế à? Vậy, em đi siêu thị mấy lần một tuần?

Trang: Khoảng 2, 3 lần một tuần.

Min-ho: 2, 3 lần một tuần? Em thích đi siêu thị à?

Trang: Dạ, phải. Đi siêu thị cũng là giải trí. Thế, hôm nay, anh sẽ đến trường lúc mấy giờ?

Min-ho: 9 giờ. Anh bắt đầu học lúc 9 giờ.

Trang: Hôm nay, anh sẽ học mấy tiết?

Min-ho: 5 tiết. Buổi sáng 3 tiết và buổi chiều 2 tiết.

Trang: Vậy, anh kết thúc lúc mấy giờ?

Min-ho: Lúc 5 giờ chiều.

Trang: Lúc đó, em sẽ đến trường gặp anh. Chúng ta sẽ đi chơi, đi uống cà phê, đi ăn tối, đi xem phim… Anh đồng ý không?

Min-ho: Đồng ý! Ngày mai là thứ bảy, ngày cuối tuần.

짱: 아! 안녕하세요, 민호 오빠! 어디 가세요?

민호: 아! 안녕, 짱! 난 학교에 가. 너는?

짱: 저는 마트에 가요. 오늘은 수업이 없거든요.

민호: 그래? 그럼 마트에 일주일에 몇 번이나 가니?

짱: 일주일에 2, 3번 정도요.

민호: 일주일에 2, 3번이나? 마트 가는 걸 좋아해?

짱: 네, 맞아요. 마트에 가는 것도 일종의 기분 전환이에요. 그건 그렇고, 오늘 오빠는 몇 시에 학교에 도착해요?

민호: 9시야. 난 9시에 공부를 시작해.

짱: 오늘 수업은 몇 교시예요?

민호: 5교시야. 오전 3교시랑 오후 2교시 수업이 있어.

짱: 그럼 몇 시에 끝나요?

민호: 오후 5시에 끝나.

짱: 그때 제가 오빠를 만나러 학교로 갈게요. 우리 놀러 가고, 커피도 마시고, 저녁도 먹고, 영화도 보러 가요... 그럴래요?

민호: 그래, 그러자! 내일은 토요일, 주말이니까.

단어 lớp: 수업, 반, 학급

thế à: 그래?

lần: 번, 횟수

mấy lần một tuần: 일주일에 몇 번

khoảng: 약, 정도, 대략

giải trí: 여가, 오락, 유흥

bắt đầu: 시작하다

tiết: 수업 시간, 교시

buổi sáng:오전(아침)

buổi chiều: 오후

kết thúc: 끝내다, 종료하다

lúc đó: 그때, 그 당시에

đi chơi: 놀러 가다

ăn tối: 저녁을 먹다

xem phim: 영화를 보다

đồng ý: 동의하다, 찬성하다, 좋다

cuối tuần: 주말

2. 문법

1) 횟수, 빈도 질문하기

- 청자에게 일주일, 한 달, 또는 일 년에 어떤 일을 몇 번 하는지 물을 때 사용하는 문형은 [주어 + 동사 + mấy lần một + 단위 기간?]을 활용하면 됩니다.

예 Em đi siêu thị **mấy lần một tuần?**
(너는 일주일에 마트에 몇 번 가니?)

• 빈도를 묻는 질문에 대한 답변은 의문사 mấy 자리에 구체적인 숫자를 넣어 표현합니다.

예 Em đi siêu thị 2, 3 lần một tuần. (일주일에 2, 3번 정도요.)

Tip 정확한 횟수 대신 대략적인 횟수를 말할 때는 숫자 앞에 **khoảng**을 붙여 '약, 정도'라는 의미를 더할 수 있습니다. 즉, '일주일에 2번 정도'를 khoảng 2 lần một tuần으로 답할 수 있습니다. 보통 정확한 수치를 확정하기 어렵거나, 일상적인 습관을 대략적으로 설명할 때 자주 사용합니다.

2) 주요 표현

• 동사 đi와 trường(학교)이 결합하면 '공부하러 가다'는 의미로 'đi học'을 사용하고, đi와 công ti(회사) 또는 nơi làm việc(근무지)와 결합하면 '일하러 가다'는 뜻으로 'đi làm'으로 바꾸어 사용합니다.

• 문장 처음에 vậy나 thế를 사용하면, 앞서 언급된 내용이나 이미 알고 있는 사실을 뒤에 이어질 내용과 자연스럽게 연결해 주는 역할을 합니다.

• năm, sáng, trưa, chiều, tối, đêm과 같은 단어들을 현재의 시간(금년, 오늘...과 같이)을 나타낼 때는 này 대신 nay와 결합합니다.

예 sáng này (X) : sáng nay (O)

[주의] tuần(주)과 tháng(월)은 này와 결합합니다.

• 베트남어에서 '각각' 또는 '매~'라는 의미를 나타낼 때 **mỗi**와 **hàng**을 사용합니다. 두 단어는 비슷해 보이지만 다음과 같은 사용상의 제한이 있습니다. mỗi는 사람, 사물, 시간 등 다양한 일반 명사와 두루 결합할 수 있습니다. 하지만, hàng은 시간을 표현하는 단어와만 결합이 가능합니다. 특히 '일(ngày), 주(tuần), 월(tháng), 년(năm)'이라는 단어와만 결합하여 규칙적인 반복을 강조할 때 사용합니다.

예 mỗi bài (O) / hàng bài (X)
mỗi tháng (O) / hàng tháng (O)

• **전치사 lúc**은 특정 시간이나 시점에 일어나는 동작을 표현할 때 시간 명사 앞에 사용합니다. 질문할 때는 [주어 + 동사 + lúc + mấy giờ?] 형태를 씁니다.

예 Chị kết thúc lúc mấy giờ?(누나/언니는 몇 시에 끝나요?)

문형 연습

1. Bây giờ là ~ giờ ~.

Bây giờ	là	5	giờ.	sáng
		6		chiều

2. ~ làm gì đó?

Anh	làm	gì	đó?
Chị			
Em			

3. ~ lúc mấy giờ?

Anh đến trường	lúc	mấy	giờ?
Chị bắt đầu học			
Em kết thúc			
Thầy đi làm			
Cô ăn tối			

4. ~ mấy lần một tuần?

Anh đi siêu thị	mấy	lần	một tuần?
Chị đi uống cà phê			
Em đi xem phim			

연습문제

1. 다음 빈칸에 가장 알맞은 표현을 고르세요.

(1) Bây giờ là 8 giờ _________. (8시 정각)

ⓐ đúng ⓑ kém ⓒ rưỡi ⓓ tiết

(2) Anh đang làm gì _________?

ⓐ lúc ⓑ mỗi ⓒ đó ⓓ lần

(3) Chị bắt đầu học _________ 9 giờ sáng.

ⓐ hàng ⓑ lúc ⓒ tiết ⓓ tuần

(4) Em đi siêu thị 2 _________ một tuần.

ⓐ giờ ⓑ phút ⓒ lần ⓓ tiết

2. 다음 시간을 베트남어로 적어 보세요.

(1) 10:00 (정각): ___________________________

(2) 8:30(반): ______________________________

(3) 5:45(6시 15분전): ________________________

3. 아래 제시한 단어를 배열하여 완전한 문장을 만들어 보세요.

(1) đang / Hà / tivi / xem / chị / .

(2) học / mấy / anh / tiết / nay / hôm / ?

(3) kết / lúc / mấy / anh / giờ / thúc / ?

4. 다음 글을 읽고 물음에 답하세요.

Hôm nay là thứ sáu. Anh Min-ho và Trang có nhiều việc phải làm. Buổi sáng, anh Min-ho đến trường lúc 9 giờ để học tiếng Việt. Anh ấy học 5 tiết: buổi sáng 3 tiết và buổi chiều 2 tiết. Trang không có lớp nên em ấy đi siêu thị. Lúc 5 giờ chiều, anh Min-ho kết thúc việc học. Trang sẽ đến trường gặp anh Min-ho. Hai người sẽ đi uống cà phê và xem phim vì ngày mai là cuối tuần.

(1) Anh Min-ho học tiếng Việt lúc mấy giờ?

(2) Tại sao hôm nay Trang đi siêu thị?

(3) Ngày mai là thứ mấy?

BÀI 7 ANH NÓI TIẾNG VIỆT ĐƯỢC KHÔNG?

제7과 당신은 베트남어를 할 수 있습니까?

학습내용

- 가능성 말하기 có thể / được
- 선택 hay / hoặc
- 과거의 시점 trước / trước khi / trước đó / trước đây
- 미래의 시점 sau / sau khi / sau đó / sau này

1. 회화

Trang: Chào anh! Anh là người Hàn Quốc phải không?

Min-ho: Vâng. Chào chị.

Trang: Anh nói tiếng Việt được không?

Min-ho: Tôi đang học tiếng Việt ở đây. Tôi có thể nói một chút.

Trang: Anh thích học buổi sáng hay buổi chiều?

Min-ho: Tôi thích học buổi sáng.

짱: 안녕하세요! 당신은 한국 사람이지요?

민호: 네. 안녕하세요.

짱: 당신은 베트남어를 할 수 있습니까?

민호: 저는 여기에서 베트남어를 배우고 있어요. 조금 말할 수 있습니다.

짱: 당신은 아침 수업을 좋아해요, 아니면 오후 수업을 좋아해요?

민호: 저는 아침에 공부하는 것을 좋아합니다.

단어 nói được: 말할 수 있다 một chút: 조금, 약간

hay ~ ?: 또는, 아니면 (선택 의문문)

buổi sáng: 아침, 오전 buổi chiều: 오후

người Hàn Quốc: 한국인

2. 문법

1) 객관적 가능 여부 có thể / không thể

- 동사나 형용사 앞에 사용하는 **có thể / không thể**는 가능 여부를 표현합니다. 이때 표현되는 가능성은 통상적으로 화자의 주관적인 판단에 의한 것이 아니라, **객관적인 상황이나 조건에 따른 가능성**을 의미합니다.

예 Tôi có thể đến nhà anh.

Tôi không thể đến nhà anh.

2) 주관적 가능 여부 được / không được

- **동사 또는 형용사 뒤**에 사용되는 **được 또는 không được** 역시 가능 여부를 표현할 때 사용합니다. 하지만 có thể / không thể가 주로 객관적인 상황이나 외부 조건에 따른 가능성을 나타내는 것과 달리, được / không được은 통상적으로 **행위 주체의 주관적인 능력이나 가능성 여부**를 반영한다는 차이가 있습니다.

예 Tôi ăn trưa **được.**
Tôi **không** ăn trưa **được.** (또는 Tôi ăn trưa **không được.**)

- 동사 뒤에 직간접 보어를 수반할 경우에는 보통 보어 뒤에 được 또는 không được을 사용합니다.

예 Tôi ăn trưa với anh **được.**
Tôi **không** ăn trưa với anh **được.**
(또는 Tôi ăn trưa với anh **không được.**)

Tip **부정 가능형 'không được'의 위치 변화**
동사 뒤에 không được을 사용하는 문형은 의미의 변화 없이 부정을 나타내는 không을 동사 앞으로 이동시켜 không + 동사 + được 형태로 바꾸어 표현할 수 있습니다.

3) 객관적 가능성 묻고 답하기

• 객관적 가능성을 묻는 문형은 [주어 + có thể + 동사/형용사 + không?]입니다.

예 Anh có thể đến nhà tôi không?

• 객관적 가능성에 대한 대답 문형은 긍정일 때 [**Dạ, có thể.** 주어 + có thể + 동사/형용사.], 부정일 때 [**Dạ, không thể.** 주어 + không thể + 동사/형용사.]로 답할 수 있습니다.

예 긍정: Dạ, có thể. Tôi có thể đến nhà anh.
부정: Dạ, không thể. Tôi không thể đến nhà anh.

Tip 대화의 흐름상 뒷부분을 생략하고, 긍정일 때는 'Dạ, có thể', 부정일 때는 'Dạ, không thể'라고만 답하는 연습도 병행하면 실제 회화에 도움이 됩니다.

4) 주관적 가능성 묻고 답하기

• 주관적 가능성을 묻는 문형은 [주어 + 동사/형용사 + **được** + **không?**]입니다.

예 Anh ăn trưa với tôi được không?

• 주관적 가능성에 대한 대답 문형은 긍정일 때 [Dạ, được. 주어 + 동사/형용사 + được.], 부정일 때 [Dạ, không được. 주어 + 동사/형용사 + không được.]으로 답할 수 있습니다.

예 긍정: Dạ, được. Tôi ăn trưa với anh được.
부정: Dạ, không được. Tôi ăn trưa với anh không được.

Tip 대화의 흐름상 뒷부분을 생략하고 긍정일 때 **Dạ, được** 또는 부정일 때 **Dạ, không được**으로 답하는 연습도 병행하면 실제 회화에 도움이 됩니다.

• 하지만 자연스러운 일상 대화 속에서 주관성과 객관성을 정확히 구분하는 것은 매우 복잡합니다. 그래서 ~ được không?으로 질문 하는 문형이 일반적이며, 이는 주관성과 객관성을 모두 포함하고 있습니다. 즉, 두 가지 형태를 결합한 문형인 có thể ~ được 또는 không thể ~ được을 사용하는 방법도 매우 일반적입니다.

예 Anh có thể ăn trưa với tôi được không?
긍정: Dạ, được. Tôi có thể ăn trưa với anh được.
부정: Dạ, không được. Tôi không thể ăn trưa với anh được.

5) 선택 hay / hoặc

• 'A 또는 B'와 같이 선택을 표현하는 문형은 **hay 또는 hoặc** 둘 다 사용할 수 있으며, 'A hay B' 또는 'A hoặc B' 형태입니다.

예 Sinh viên có thể chọn học buổi sáng hay(hoặc) học buổi chiều.

• **선택 의문문** 즉, '이거냐 저거냐'와 같이 어떤 것을 선택할지 질문하는 경우는 **hay를 사용**하며, **hoặc**을 사용할 수 없습니다.

예 Ngày mai, anh học buổi sáng hay buổi chiều? (O)
Ngày mai, anh học buổi sáng hoặc buổi chiều? (X)

• 가능성에 대한 선택 의문문의 질문은 [주어 + 동사 + A hay B?]이며, 대답은 [주어 + 동사 + A.] 또는 [주어 + 동사 + B.] 외에도 [주어 + 동사+ 둘 다(그 이상).]도 가능하며, [주어 + không + 동사 + 둘 다(그 이상)]의 문형으로 사용됩니다.

예 질문: Anh thích bia **hay** rượu?
답변: Tôi thích bia. / Tôi thích rượu. / Tôi thích cả hai. / Tôi không thích **cả hai.**

1. 회화

Trang:	Anh đã học tiếng Việt bao lâu rồi?
Min-ho:	Tôi đã học 3 tháng rồi. Trước đây, tôi đã học tiếng Việt ở Hàn Quốc 2 năm.
Trang:	Vậy sau khi học xong ở đây, anh sẽ làm gì?
Min-ho:	Sau này, tôi muốn ở lại Việt Nam làm việc.
Trang:	Trước khi sang Việt Nam, anh làm nghề gì?
Min-ho:	Trước đó, tôi là sinh viên.

짱: 당신은 베트남어를 공부한 지 얼마나 됐습니까?

민호: 3개월 됐습니다. 예전에 저는 한국에서 2년 동안 베트남어를 공부했습니다.

짱: 그럼 여기서 공부를 마친 후에 무엇을 할 겁니까?

민호: 나중에 저는 베트남에 남아서 일하고 싶습니다.

짱: 베트남에 오기 전에 무슨 일을 했습니까?

민호: 그전에 저는 대학생이었습니다.

단어 bao lâu: 얼마나 (시간의 길이를 물을 때)

trước đây: 예전에, 이전에 (막연한 과거)

sau khi: ~한 후에 sau này: 나중에, 훗날

ở lại: 머무르다, 남다

trước đó: 그전에 (특정 시점보다 앞선 때)

2. 문법

1) 이전 trước đây

- **특정되지 않은 과거의 시점**을 가리키는 단어로, 이 단어 자체가 과거를 표현하므로 문장에서 **과거시제 부사 đã를 사용하지 않아도 됩니다.**

예 Trước đây, tôi yêu cô ấy.

- 대부분의 경우 trước đây는 보통 **bây giờ와 대조적**으로 사용됩니다. 즉, trước đây와 bây giờ라는 두 시점에 언급되는 상황이나 사실이 서로 다름을 의미합니다.

예 Trước đây, yêu cô ấy. Bây giờ, không yêu cô ấy. (예전에는 그녀를 사랑했습니다. 지금은 그녀를 사랑하지 않습니다.)

2) 이후 sau này

- **특정되지 않은 먼 미래의 시점**을 표현할 때는 sau này를 사용합니다. 이 단어 자체가 이미 미래의 의미를 내포하고 있기 때문에, 문장에서 미래 시제 부사인 sẽ를 반드시 쓰지 않아도 의미 전달에는 문제가 없습니다. 하지만 실제 언어생활에서는 습관적으로 **sẽ를 함께 사용하는 것이 훨씬 더 일반적이며 자연스럽습니다.**

  예 Sau này, tôi sẽ làm việc ở công ti đó.

- 대부분의 경우 sau này는 보통 bây giờ와 대조적으로 사용됩니다. 즉, sau này와 bây giờ라는 두 시점에 언급되는 상황이나 계획이 서로 다름을 의미합니다.

  예 Sau này, làm việc ở đó. Bây giờ, không làm việc ở đó.
  (나중에 그곳에서 일할 것입니다. 지금은 그곳에서 일하지 않습니다.)

3) 그 전 trước đó

- trước đó는 기준점으로 삼은 **특정 시점이나 동작의 바로 직전(인접한) 시점**에 대해 말할 때 사용합니다. **기준점으로 삼는 시점이나 동작은 대화의 맥락 속에서 자연스럽게 결정**됩니다. 만약 이러한 기준점이 없다면, trước đó를 사용할 수 없습니다.

  예 Tôi đã đến Việt Nam vào năm ngoái. Trước đó, tôi chưa bao giờ đi nước ngoài.

  Tip 이 문장에서 기준점인 '작년'이 존재하기 때문에 trước đó '그전(작년 전)'에는 외국에 가본 적이 없다는 것이 설명이 됩니다.

4) 그 후 sau đó

- sau đó는 기준점으로 삼은 **특정 시점이나 동작의 바로 다음(인접한) 시점**에 대해 말할 때 사용합니다. **기준점으로 삼는 시점이나 동작은 대화의 맥락 속에서 자연스럽게 결정**됩니다. 만약 이러한 기준점이 없다면, sau đó를 사용할 수 없습니다.

예 Tôi đã đến Việt Nam vào năm ngoái. Sau đó, tôi bắt đầu làm việc ở đây.

Tip 이 문장에서 기준점인 '작년'이 존재하기 때문에 sau đó가 '그 후(작년 이후)'를 의미한다는 것이 자연스럽게 설명됩니다. 만약 앞에 '작년'과 같은 구체적인 시점이 언급되지 않았다면, 막연한 미래를 나타내는 sau này를 써야 하며 sau đó는 사용할 수 없습니다.

5) ~ 전, ~ 하기 전 trước, trước khi

- 이 두 표현은 모두 어떤 기준점보다 앞선 과거 시점을 나타내지만, 뒤에 오는 말의 성격에 따라 구분하여 사용합니다. **동작이나 행위의 기준**일 때, '~ 하기 전에'라는 의미로 **Trước khi + [문장/동사]**의 문형을 사용합니다. **특정 시점이나 사건이 기준일 때,** '~ 전에' 라는 의미로 **Trước + [명사/시간]**문형을 사용합니다.

- 두 문장의 **주어가 같을 경우,** trước khi 뒤의 **주어는 생략**하는 것이 더 자연스럽습니다.

예 Trước khi (tôi) đến trường, tôi đi ăn sáng.
(학교에 가기 전에 아침을 먹습니다.)

- Trước + 명사1, 주어 + 동사 + 명사2 구조를 사용할 때, 명사1과 명사 2가 모두 같은 동사의 대상(목적어)이어야 문맥이 자연스럽습니다.

  예 Trước tiết Địa lí, tôi học tiết Lịch sử.
  (지리 시간 전에 [나는] 역사 시간을 공부합니다.)

  Tip 두 명사(지리, 역사) 모두 học(공부하다)의 대상이므로 성립됩니다.

- 강조하고 싶은 내용에 따라 앞뒤 순서를 자유롭게 바꿀 수(도치) 있습니다.

  예 Trước khi ăn cơm, tôi rửa tay. (밥 먹기 전에 손을 씻습니다.)
  Tôi rửa tay trước khi ăn cơm.

- 다음 예문을 통해 trước과 trước khi의 차이를 비교해 볼 수 있습니다.

  예 Trước khi cô ấy về Nhật, tôi mời cô ấy ăn cơm.
  (그녀가 일본에 가기 전, 식사를 대접했습니다.)

  Tip 주어가 다르므로 생략할 수 없습니다.

  예 Trước 5 giờ sáng, tôi đã thức dậy rồi.
  (새벽 5시 전에 이미 일어났습니다.)

6) ~ 후, ~ 한 후 sau, sau khi

- 이 두 표현은 모두 어떤 기준점보다 뒤인 미래 시점(선후 관계에서의 후)을 나타내지만, 뒤에 오는 말의 성격에 따라 구분하여 사용합니다. **동작이나 행위의 기준일 때,** '~ 한 후에'라는 의미로 Sau khi + [문장/동사]의 문형을 사용합니다. **특정 시점이나 사건이 기준일 때,** '~ 후에' 라는 의미로 **Sau + [명사/시간]** 문형을 사용합니다.

- 두 문장의 **주어가 같을 경우**, sau khi 뒤의 주어는 **생략하는 것이 더 자연스럽습니다.**

예 Sau khi (tôi) tốt nghiệp, tôi làm việc ở công ty Hàn Quốc. (졸업한 후에 [나는] 한국 회사에서 일합니다.)

- Sau + 명사1, 주어 + 동사 + 명사2 구조를 사용할 때, 명사1과 명사2가 모두 같은 동사의 대상(목적어)이어야 문맥이 자연스럽습니다.

예 Sau môn Lịch sử, tôi học môn Địa lí.
(역사 시간 후에 [나는] 지리 시간을 공부합니다.)

Tip 두 명사 모두 học의 대상이므로 성립됩니다.

- 강조하고 싶은 내용에 따라 앞뒤 순서를 자유롭게 바꿀 수(도치) 있습니다.

예 Sau khi đến trường, tôi bắt đầu học.
(학교에 도착한 후에 공부를 시작합니다.)
Tôi bắt đầu học sau khi đến trường.

- 다음 예문을 통해 sau와 sau khi의 차이를 비교해 볼 수 있습니다.

예 Sau khi tôi về Hàn Quốc, (thì) cô ấy về Nhật.
(내가 한국으로 돌아간 후에, 그녀는 일본으로 돌아갑니다.)

Tip 주어가 다르므로 생략할 수 없습니다.

예 Sau 6 giờ tối, tôi ở nhà. (오후 6시 후에 저는 집에 있습니다.)

7) 주요 표현

- [동사 + xong] 또는 [동사 + rồi] 문형은 동사가 완료, 행위가 종료되었음을 의미합니다. xong은 동작을 '끝마쳤다'는 의미가 강하고, rồi는 '이미 ~했다'는 사실을 강조합니다. 또한 xong과 rồi가 결합한 [동사 + xong rồi] 형태는 완료의 의미를 가장 확실하게 전달하는 표현으로 대화문에서 자주 등장합니다.

  예 Ăn cơm xong, tôi đi uống cà phê.
  (식사를 마친 후에, 나는 커피를 마시러 갑니다.)
  Tôi đã làm bài tập rồi.(나는 숙제를 이미 다 했습니다.)

- [형용사 + rồi] 문형은 이전과는 다른 **상태로 변했거나, 새로운 상태가 시작**되었음을 의미합니다.

  예 Bây giờ trời tối rồi.(지금 날이 어두워졌습니다.)
  Em ấy đã cao rồi.(그 아이는 이제 키가 커졌습니다.)

- **rảnh**은 rỗi와 함께 '한가하다, 시간이 있다'는 의미로 자주 쓰이며, 주로 약속을 잡거나 일과를 물을 때 사용합니다. rảnh의 경우, 구어체에서 rảnh rỗi라고 두 단어를 붙여 강조하기도 합니다.

  예 Ngày mai anh có rảnh không?
  (내일 당신은 시간이 있습니까? / 한가합니까?)

- **gọi điện thoại** '전화를 걸다'를 사용하는 문장에서 전치사 **cho** 뒤에는 전화를 받는 **사람**이 오고, **đến** 뒤에는 전화가 걸려가는 **장소**가 옵니다.

  예 Tôi gọi điện thoại cho Lan.
  Chị ấy gọi điện thoại đến trường đại học.

문형 연습

1. ~ được không?

Anh ấy	đến	nhà tôi	được không?
Chị ấy	chơi	piano	
Ông ấy	gặp	bác sĩ	
Anh An	hiểu	chị Ngọc	
Anh Hòa	gặp	giám đốc	

2. Dạ được. ~ được.

Dạ, được.	Anh ấy	đến	nhà anh	được.
Dạ, được.	Chị ấy	chơi	piano	được.
Dạ, được.	Ông ấy	gặp	bác sĩ	được.

3. Dạ, không được. ~ không được.

Dạ, không được.	Anh An	hiểu	chị Ngọc	không được.
Dạ, không được.	Anh Hòa	gặp	giám đốc	không được.

4. ~ hoặc ~

Tôi	ăn	mì	hoặc	hủ tíu.
Anh ấy	uống	bia Tiger		bia Heineken.
Chị Ngọc	đến	nhà anh An		nhà anh Hòa.

5. ~ hay ~ ?

Anh	học	buổi sáng	hay	buổi chiều?
Chị	sẽ đi	Đà Lạt		Nha Trang?
Bà	thích	chợ		siêu thị?
Em	học	tiếng Anh		tiếng Việt?

6. Tôi ~

Tôi	học	buổi sáng.
	sẽ đi	Đà Lạt.
	thích	chợ.
	học	tiếng Việt.

7. Tôi ~ cả hai.

Tôi	học	cả hai.
	sẽ đi	
	thích	

8. Trước đây ~ Bây giờ ~

Trước đây,	chị Lee ở Hàn Quốc.	Bây giờ,	chị ấy sống ở Việt Nam.
	anh Peter học tiếng Việt ở Mỹ.		anh ấy học tiếng Việt ở Việt Nam.
	anh Hòa là tài xế taxi.		anh ấy là nhân viên công ti Vinfast.

연습문제

1. 다음 빈칸에 가장 알맞은 표현을 고르세요.

(1) Anh thích học buổi sáng ________ buổi chiều?

ⓐ hoặc　ⓑ hay　ⓒ xong　ⓓ rồi

(2) Tôi ________ nói được một chút tiếng Việt.

ⓐ trước　ⓑ có thể　ⓒ khi　ⓓ sau

(3) Trước ________ đến Việt Nam, anh làm nghề gì?

ⓐ khi　ⓑ đó　ⓒ đây　ⓓ sau

(4) Tôi gọi điện thoại ________ Lan.

ⓐ đến　ⓑ rảnh　ⓒ được　ⓓ cho

2. 다음 문장의 빈칸에 알맞은 단어를 〈보기〉에서 골라 적으세요.

〈 보기: trước đây, sau này, xong 〉

(1) ________, tôi sống ở Hàn Quốc.

(예전에는 한국에 살았습니다.)

(2) ________, tôi muốn làm việc ở Việt Nam.

(나중에 저는 베트남에서 일하고 싶습니다.)

(3) Tôi ăn cơm ________ rồi.

(저는 식사를 이미 마쳤습니다.)

3. 아래 제시한 단어를 배열하여 완전한 문장을 만들어 보세요.

(1) Việt / có / nói / anh / Nam / tiếng / được / không / ?

(2) học / khi / trước / tôi / sáng / ăn / trường / đến / .

(3) muốn / Việt / lại / ở / Nam / việc / tôi / làm / .

4. 다음 글을 읽고 물음에 답하세요.

Anh Min-ho đã học tiếng Việt 3 tháng rồi. Trước đây, anh ấy đã học tiếng Việt ở Hàn Quốc 2 năm. Anh ấy có thể nói được một chút. Sau khi học xong ở đây, anh ấy muốn ở lại Việt Nam làm việc. Trước khi sang Việt Nam, anh ấy là sinh viên.

(1) Anh Min-ho đã học tiếng Việt bao lâu rồi?

(2) Trước đây, anh Min-ho học tiếng Việt ở đâu?

(3) Trước khi sang Việt Nam, anh Min-ho làm nghề gì?

BÀI 8 KHI NÀO CHỊ VỀ NƯỚC?

제8과 당신은 언제 귀국합니까?

학습내용

- 때를 표현하는 단어 khi / lúc / hồi / vào
- 의문사 khi nào? / lúc nào? / hồi nào? / chừng nào?
- 의문사 thế nào?
- 수단을 묻는 단어 bằng / bằng cách

1. 회화

Jeong-soo:	Lúc anh ấy đến, vào khoảng 30 phút trước, chị không có ở đây.
Lan:	Thế à? Bây giờ, anh ấy ở đâu?
Jeong-soo:	Em cũng không biết. Khi em đi nhà vệ sinh, anh ấy ở đây. Nhưng sau đó, em không biết anh ấy đã đi đâu.
Lan:	Hồi sáng, khi gọi điện thoại cho anh ấy, chị đã nói là chị có thể đến muộn một chút.

정수: 그분이 왔을 때, 한 30분 전쯤에, 누나는 여기 없었어요.

란: 그래? 지금 그분은 어디에 있어?

정수: 저도 모르겠어요. 제가 화장실에 갔을 때 그분은 여기 있었어요. 하지만 그 후에 그분이 어디로 갔는지 모르겠어요.

란: 오늘 아침에 그분에게 전화했을 때, 내가 조금 늦게 올 수도 있다고 말했었는데.

단어

lúc: ~할 때 (특정 시점) vào khoảng: 약, 대략
trước: 전 thế à: 그래요?, 그렇습니까?
khi: ~할 때 (lúc과 유사) nhà vệ sinh: 화장실
sau đó: 그 후에, 그다음에 đi đâu: 어디에 가다
hồi sáng: 오늘 아침(지나간 과거의 오전)
gọi điện thoại: 전화를 걸다 nói là: ~라고 말하다
muộn: 늦은, 늦게

2. 문법

1) 때를 표현하는 단어 khi / lúc / hồi / vào

• **khi, lúc, hồi 그리고 vào**는 모두 특정한 시점을 나타낼 때 사용합니다. 어떤 동작이나 상태가 진행되는 시점을 나타내며, '~(할) 때'로 해석합니다.

예 Lúc anh ấy đến / Khi tôi đi học / Hồi sáng / Vào khoảng 30 phút trước

• **khi와 lúc은 과거와 미래 모두의 시점**을 나타낼 수 있는 반면, **hồi은 오직 이미 지나간 과거**의 한 시점을 회상할 때만 사용합니다.

예 Khi / Lúc / Hồi tôi 10 tuổi (O)
Khi / Lúc tôi 30 tuổi (O), Hồi tôi 30 tuổi (X)

Tip 이 문법의 핵심은 현재 화자의 시점입니다. 예를 들어, 현재 20세인 대학생이 이야기를 한다고 가정해 봅시다. 화자에게 10살은 이미 지나간 과거입니다. 따라서 일반적인 시점을 나타내는 khi, lúc은 물론, 과거를 회상하는 hồi도 모두 사용할 수 있습니다. 하지만, 화자에게 30살은 아직 오지 않은 미래의 시점입니다. khi와 lúc은 미래의 특정 때를 가리킬 수 있지만, hồi은 반드시 '지나간 과거'에만 쓸 수 있는 단어이므로 30살이라는 미래 시점과는 결합할 수 없습니다.

- **lúc과 hồi은 '시(giờ)'와 결합**할 수 있지만, **khi는 '시(giờ)'와 결합**할 수 없습니다. **hồi는 과거의 시간(시각)과 결합할 때만** 사용힐 수 있습니다. 지금 현재 시간을 9시로 가정한 경우 아래 예에서 정확한 사용법을 확인할 수 있습니다.

구분 (시점)	Lúc	Hồi	Khi
8시 (과거)	O (Lúc 8 giờ)	O (Hồi 8 giờ)	X
10시 (미래)	O (Lúc 10 giờ)	X	X

- **시간 단어(년, 월, 주, 일, 시, 계절 등)와 결합할 때는 vào를 사용**합니다. 과거의 시간을 나타낼 때는 vào 대신 hồi을 사용할 수 있습니다. 반면, khi는 이 모든 시간 명사들과 결합할 수 없으며, lúc은 오직 '시(giờ)'만 결합할 수 있습니다. 현재 시간을 2026년 1월 26일 12시 30분으로 가정한 경우 아래 예에서 정확한 사용법을 확인할 수 있습니다.

구분 (시점)	vào	hồi (과거 시점)	lúc (시각 한정)	khi (결합 불가)
2025년 (과거)	O (Vào năm 2025)	O (Hồi năm 2025)	X	X
2027년 (미래)	O (Vào năm 2027)	X	X	X
12월 (과거)	O (Vào tháng 12)	O (Hồi tháng 12)	X	X
2월 (미래)	O (Vào tháng 2)	X	X	X

지난주 (과거)	O (Vào tuần trước)	O (Hồi tuần trước)	X	X
다음주 (미래)	O (Vào tuần sau)	X	X	X
15일 (과거)	O (Vào ngày 15)	O (Hồi ngày 15)	X	X
30일 (미래)	O (Vào ngày 30)	X	X	X
10시 30분 (과거 시각)	O (Vào 10 giờ 30)	O (Hồi 10 giờ 30)	O (Lúc 10 giờ 30)	X
3시 30분 (미래 시각)	O (Vào 3 giờ 30)	X	O (Lúc 3 giờ 30)	X

- khi, lúc, hồi는 절과 결합하여 그 절의 내용과 관련된 특정 시점을 나타낼 수 있습니다. 반면, vào는 절과 결합할 수 없습니다.

  예 Khi / Lúc / Hồi anh ấy đến (O), Vào anh ấy đến (X)

- khi와 lúc의 구분은 거의 원어민의 감각에 의존합니다. **보통 khi는 어느 정도 지속되는 시점**의 느낌으로 사용하고, **lúc은 정확한 한 시점**의 느낌으로 사용합니다. 일반적으로 이 두 단어는 심각한 문제 없이 서로 대체하여 사용할 수 있습니다. 즉, 문법적으로 엄격히 구분되기보다는 원어민의 언어 습관에 가깝기 때문에, 대부분의 상황에서는 서로 바꾸어 써도 의미 전달에 큰 지장이 없습니다.

예 Lúc anh ấy đến '그가 도착했을 때' (정확하게 어느 한순간을 가리키는 느낌)
Khi tôi đi học '내가 학교에 다닐(공부할) 때' (어느 정도 기간이나 동작이 지속되는 느낌)

- khi, lúc, hồi는 보통 두 개의 절을 서로 연결할 때 사용합니다. 이때 첫 번째 절(시점절)에서 주어를 생략하고 동사만 쓰기도 하는데, 특히 앞 절의 주어와 뒤 절의 주어가 같을 경우 앞 절의 주어를 생략할 수 있습니다.

예 Khi (tôi) rảnh, tôi đọc sách.
(한가할 때, [저는] 책을 읽습니다.)

Tip 두 절의 주어가 같기에 앞 절의 주어를 생략할 수 있습니다.

예 Khi tôi đi rửa mặt, cô ấy về nhà.
(내가 세수하러 갔을 때, 그녀는 집에 왔습니다.)
Lúc anh ấy đến, chị không có ở đây.
(그분이 왔을 때, 누나/언니는 여기 없었습니다.)
Hồi cô ấy 18 tuổi, tôi yêu cô ấy lắm.
(그녀가 18살이었을 적에, 나는 그녀를 아주 사랑했습니다.)

Tip 두 절의 주어가 서로 다른 경우라 주어를 생략할 수 없습니다.

2) 간접 인용 표현 nói là

- 베트남어에서 누군가가 말한 내용이나 메시지, 또는 사실을 제3자에게 전달하거나 다시 언급할 때 사용하는 간접 인용은 nói là로 표현할 수 있습니다. 이때 là는 우리말의 '~라고', '~다는 것'에 해당하는 연결 어미 역할을 하여, 뒤에 오는 구체적인 서술 내용을 이끄는 기능을 합니

다. 보통 [**주어 + nói + (với 사람) + là** + 전달하고자 하는 **문장/내용**]의 문형을 사용합니다. 베트남어 간접 인용에서는 인용절 안의 시제를 주절의 시제에 맞추어 변경할 필요가 없으며, 말한 시점 그대로의 **시제 (đã, đang, sẽ 등)**를 **유지**하면 됩니다.

예 Chị Lan nói với em là chị bận.
(란 누나는 나에게 자기가 바쁘다고 말했어요.)
Anh ấy nói với em là thứ bảy tuần sau anh ấy sẽ về nước.
(그분은 저에게 다음 주 토요일에 귀국할 거라고 말했어요.)

1. 회화

Min-ho:	Thưa cô, tuần trước cô đi Busan về phải không ạ? Busan thế nào hả cô?
Cô Liên:	Ừ, Busan vẫn thế, không có gì thay đổi cả.
Min-ho:	Còn thầy Kim thì sao ạ? Dạo này thầy ấy thế nào?
Cô Liên:	Thầy ấy rất khỏe, vẫn làm việc rất nhiều. À, Min-ho này, tuần trước em đi du lịch Đà Nẵng phải không?
Min-ho:	Dạ, em đã đi rồi. Em phải đi sớm để chuẩn bị về Hàn Quốc.
Cô Liên:	Bao giờ em đi Hàn Quốc?
Min-ho:	Dạ, tuần sau ạ.

	Dạo này em không đến lớp được vì bận quá.
Cô Liên:	Thế à? Vậy em học tiếng Việt bằng giáo trình nào?
Min-ho:	Em học bằng giáo trình này ạ.
Cô Liên:	Vậy thì, em học nói tiếng Việt bằng cách nào?
Min-ho:	Dạ, em học bằng cách nói chuyện với người Việt ạ.

민호:	선생님, 지난주에 부산에 다녀오셨죠? 부산은 어떠했나요?
리엔 선생님:	응, 부산은 여전해, 아무것도 바뀐 게 없단다.
민호:	김 교수님은요? 요즘 교수님은 어떠세요?
리엔 선생님:	아주 건강하셔, 여전히 일을 아주 많이 하시고. 아, 민호야, 지난주에 다낭으로 여행 갔었지?
민호:	네, 다녀왔어요. 한국에 갈 준비를 하느라 좀 일찍 다녀와야 했거든요.
리엔 선생님:	언제 한국에 가니?
민호:	네, 다음 주에요. 요즘 너무 바빠서 수업에 나오지 못했어요.
리엔 선생님:	그렇구나. 그럼 베트남어는 어떤 교재로 공부하니?
민호:	이 교재로 공부하고 있어요.
리엔 선생님:	그러면, 베트남어 말하기는 어떤 방법으로 공부하니?
민호:	네, 베트남 사람들과 이야기하는 방법으로 공부해요.

단어 đi ... về: ~에 다녀오다
thế nào: 어떠한, 어떻게
vẫn thế: 여전하다, 그대로다
thay đổi: 바뀌다, 변화하다
thầy: 선생님, 교수님 (남성)
khỏe: 건강하다, 잘 지내다
sớm: 일찍
để: ~하기 위하여 (목적)
chuẩn bị: 준비하다
về nước: 귀국하다, 고국으로 돌아가다
bao giờ: 언제
giáo trình: 교재
bằng: ~으로 (수단, 도구)
cách: 방법, 방식
nói chuyện: 이야기하다, 대화하다

2. 문법

1) 의문사 thế nào?

- thế nào는 사람, 사물, 혹은 특정 현상의 **상태, 성질, 특징** 등을 물을 때 사용하는 의문사입니다. '어떠합니까?', '어떻습니까?'의 뜻을 갖고 있습니다. **[주어 + thế nào?]** 문형을 사용합니다.

예 Dạo này anh ấy thế nào? (요즘 그분은 어떠세요?)

- thế nào는 **동작을 수행하는 방식, 특징, 수단** 등을 묻는 데에도 사용됩니다. 이 경우 thế nào는 **동사 뒤에 위치**하여 해당 행위가 '어떠한 방식으로' 혹은 '어떠한 성격으로' 이루어지는지를 질문합니다. 이 때 **[주어 + 동사 + thế nào?]** 문형을 사용합니다. 즉, 여기서 thế nào는 '어떤 수단으로'를 묻는 것이 아니라, 그 동작이 '어떤 질적 수준이나 양상으로' 진행되는지를 질문하는 것입니다.

  예 Cô ấy học hành thế nào?
  (그녀는 요새 공부(학업)를 어떻게 하고 있니?)

  Tip 문법적으로 Cô ấy học thế nào?라 질문을 할 수 있지만 이 문장은 '그녀는 (어떤 방법으로) 공부하니?'처럼 들릴 수 있습니다. 개별적이고 구체적인 한 번의 동작이 아니라, 그 동작이 속한 **'활동 전체'를 아우르는 단어**를 사용하는 것이 훨씬 자연스럽습니다.

- 형용사와 결합하여 어떤 **성질의 정도, 가치, 표현 양상** 등을 묻는 데 사용됩니다. '얼마나 ~한지', '어느 정도로 ~한지'라는 의미에 가까운데, 보통 **[주어 + 형용사 + thế nào / như thế nào?]**의 문형을 사용합니다.

  예 Tiếng Việt khó như thế nào?
  (베트남어는 어느 정도로 어렵나요?)

  Tip Tiếng Việt thế nào? (베트남어는 어때요?)는 대상에 대한 전반적인 인상이나 상태를 묻는 포괄적인 질문입니다. 반면, Tiếng Việt khó như thế nào? (베트남어는 얼마나 어렵나요?)는 '어렵다'는 형용사를 전제로 그 구체적인 정도를 묻는 질문입니다. 따라서 형용사의 상태나 정도를 물을 때는 như thế nào를 사용하는 것이 원어민에게 훨씬 더 명확하고 자연스럽게 들립니다.

2) 의문사 khi nào? / lúc nào?

• **khi nào와 lúc nào**는 어떤 동작이 일어나거나 특정 상태나 성질이 존재하는 **시점**을 물을 때 사용하는 의문사입니다. '언제'의 뜻입니다. khi nào와 lúc nào는 의미상 거의 차이가 없으며 서로 바꾸어 사용할 수 있습니다. 질문하고자 하는 시점에 따라 문장 내 위치가 달라지기도 하지만, 일반적으로 문장의 앞이나 뒤에 놓여 시점을 질문합니다.

예 Khi nào anh sẽ đi du lịch Nha Trang?
(언제 냐짱으로 여행을 갈 예정인가요?)

• 문장에 시제를 나타내는 단어(đã, sẽ, hôm qua 등)가 없을 때, 의문사의 위치가 시제(과거 또는 미래)를 결정합니다. [Khi nào + 주어 + 동사?]는 '언제 ~할 것인가?'(미래)를 질문하는 것이고, [주어 + 동사 + khi nào?]는 '언제 ~했는가?'(과거)를 질문하는 것입니다.

예 Khi nào anh đi du lịch Nha Trang? (미래)
Anh đi du lịch Nha Trang khi nào? (과거)

Tip 시간을 나타내는 구체적인 단어나 시제 부사(đã, sẽ 등)가 문장에 포함되어 시점이 명확한 경우에는, khi nào와 lúc nào의 위치가 문장 앞이나 뒤 어디에 오더라도 의미 전달에 오해가 발생하지 않습니다. 이 경우 의문사의 위치는 강조점이나 문장의 리듬에 따라 자유롭게 선택할 수 있습니다. 즉, sẽ가 사용된 다음의 질문들은 모두 사용 가능합니다. Khi nào anh sẽ đi du lịch Nha Trang? / Anh sẽ đi du lịch Nha Trang khi nào?

• 특정한 상태나 성질(기쁨, 슬픔 등)의 시점을 물을 때는 동작(동사)을 물을 때보다 문장 구조가 더 구체화되는 경향이 있습니다. 이는 해당 상태가 속한 시간 범위를 명확히 확정해야 하기 때문입니다. 상태의 시점을

질문할 때는 반드시 시간 명사나 구체적인 문맥 같은 시간적 요인이 함께 있어야 합니다. 이러한 요인이 없다면 과거, 현재, 미래가 모두 포함되어 의미가 모호해질 수 있습니다. 시간적 요인을 통해 범위가 확정된 경우, khi nào나 lúc nào는 문장의 앞이나 뒤 어디든 자유롭게 올 수 있습니다. 특히 감정 상태를 물을 때는 의미를 분명히 전달하기 위해 동작을 물을 때보다 훨씬 더 복잡한 구조를 사용합니다.

예 Khi nào cô ấy vui? (그녀는 언제 기뻐하나요?)
Không biết khi nào cô ấy có thể vui trở lại được?
(그녀가 언제쯤이나 다시 기뻐질 수 있을지 모르겠네요.)

Tip 단순히 Khi nào cô ấy vui? (그녀는 언제 기뻐요?)라고 묻기보다는, Khi nào cô ấy vui trở lại? (그녀는 언제 다시 기분이 좋아질까요?)처럼 상태의 변화나 구체적인 상황을 묻는 것이 훨씬 자연스럽습니다.

• 의문사 **bao giờ**도 khi nào, lúc nào와 뜻과 기능, 그리고 사용 방식이 사실상 동일합니다. 시점에 대한 정보를 물을 때 매우 폭넓게 사용됩니다. 즉, 모두 특정한 때나 시점을 묻는 의문사로, 대부분의 문장에서 서로 바꾸어 써도 의미가 통합니다.

3) 의문사 hồi nào? / chừng nào?

• 베트남어에는 '언제'를 뜻하는 다양한 의문사가 존재합니다. 그중 hồi nào와 chừng nào는 특정한 상황에서 전문적으로 사용되는 경우를 제외하면, 기본적으로 khi nào, lúc nào와 동일한 의미와 기능을 수행합니다. 다만, 두 단어는 일반적인 '언제'의 의미를 갖지만, 단어 자체의 어원적 특성상 특정 시제와 더 긴밀하게 연결되는 경향이 있습니다.

hồi nào는 단어 뜻 그대로(hồi=옛날) 과거의 일을 물을 때 주로 사용됩니다. 반면, chừng nào는 주로 남부 지방에서 많이 사용합니다. Chừng이 '정도, 가늠'을 뜻하기에 미래의 시점을 질문할 때 더 자주 사용됩니다.

예 Anh về nước hồi nào? (언제 귀국하셨어요?)
Chừng nào anh đi du lịch? (언제 여행 가실 거예요?)

- 보다 자연스러운 베트남어 회화에서 과거나 미래를 물을 때는 khi nào와 lúc nào보다 hồi nào와 chừng nào가 우선적으로 사용되는 경향이 있습니다. 이는 대화의 맥락 속에서 과거인지 미래인지가 단어 자체에서 즉각적으로 결정되기 때문입니다.

4) 수단 bằng

- 동작(행위)이 이루어지는 구체적인 수단을 나타낼 때 사용하며, 뒤에 명사를 수반하여 문장을 완성합니다.

예 Tôi viết bằng bút chì.

- 동작(행위)의 구체적인 수단을 질문할 때는 **[주어 + 동사 + bằng gì?]** 문형을 사용합니다.

예 Anh viết bằng gì?

- 교통수단, 이동수단을 물을 때는 [주어 + 이동을 표현하는 동사 + bằng gì?]의 문형을 사용합니다.

예 Anh đi học bằng gì?

5) 방식 bằng cách

- 베트남어에서 bằng cách은 어떤 행위가 이루어지는 **구체적인 방법, 방식, 수단을 설명할 때** 사용합니다. 주로 '~하는 방법으로', '~함으로써'로 해석됩니다. [주어 + 동사] 뒤에 놓이며, 뒤에는 구체적인 행위를 나타내는 동사나 형용사가 옵니다. 즉, **[주어 + 동사 + bằng cách + 동사/형용사]**의 문형을 사용합니다.

예 Tôi học nói tiếng Việt bằng cách nói chuyện với người Việt.(나는 베트남 사람들과 이야기하는 방법으로 베트남어 말하기를 공부합니다.)

- 어떤 일을 '어떻게(어떤 방법으로)' 했는지 물을 때는 문장 끝에 nào?를 붙여 **질문**합니다. **[주어 + 동사 + bằng cách nào?]**의 문형으로 질문하고, 답변은 [주어 + 동사 + bằng cách + 구체적인 노력/행위]의 문형으로 답합니다.

예 질문: Anh ấy đã thành công bằng cách nào?(그는 어떤 방법으로 성공했나요?)

답변: Anh ấy đã thành công bằng cách làm việc chăm chỉ mỗi ngày.(그는 매일 열심히 일하는 방법으로(일함으로써) 성공했습니다.)

문형 연습

1. Khi / Lúc ~

Khi/Lúc	tôi đến,	anh ấy đã đi.
	chị Lan nói,	anh Park không nghe.
	kết thúc giờ học	Min-soo đang ngủ gục.
	mệt,	Toàn muốn chơi game.

2. Hồi ~

Hồi	nhỏ,	tôi rất ham chơi.
	anh ấy sống ở quê,	tôi đã biết anh ấy.
	cô ấy 8 tuổi,	chúng tôi đã rất thân nhau.
	làm việc ở công ti Doosan,	anh Kim rất nổi tiếng.

3. Khi nào ~ ?

Khi nào	chú Bình	đi Mỹ?
	anh Kim	về nước?
	chị Lee	về Hàn Quốc?
	ông	đi du lịch?

4. ~ khi nào?

Chú Bình	học ở Mỹ	khi nào?
Bình và Toàn	là bạn học của nhau	
Anh	bắt đầu sống ở Sài Gòn	
Chị	biết thầy Kim	

5. ~ bằng gì?

Anh	đi Đà Lạt	
Ông	đến bệnh viện	
Chị	đi siêu thị	bằng gì?
Bà	về nhà	
Em	đi học	

6. ~ bằng cách nào?

Anh	liên lạc với cô ấy	
Chị	trả lời anh ấy	bằng cách nào?
Bà	mua xe hơi	

7. Tôi ~ bằng cách ~

	liên lạc với cô ấy		gọi điện thoại.
Tôi	trả lời anh ấy	bằng cách	gửi email.
	mua xe hơi		trả tiền mặt.

연습문제

1. 다음 빈칸에 가장 알맞은 표현을 고르세요.

(1) A: __________ anh sẽ về nước?
B: Thứ bảy tuần sau.

ⓐ Hồi nào ⓑ Lúc ⓒ Khi ⓓ Bao giờ

(2) Chị Lan nói với em __________ chị ấy rất bận.

ⓐ là ⓑ bằng ⓒ thế ⓓ khi

(3) Anh đi Busan __________ tháng 3 năm 2026.

ⓐ lúc ⓑ vào ⓒ khi ⓓ bằng

(4) Tôi học tiếng Việt __________ cách nói chuyện với người Việt.

ⓐ là ⓑ bằng ⓒ hồi ⓓ để

2. 다음 문장의 빈칸에 알맞은 단어를 〈보기〉에서 골라 적으세요.

〈 보기: thế nào, hồi, chừng nào 〉

(1) _________ tôi 10 tuổi, tôi đã sống ở Đà Nẵng.
(제가 10살이었을 적에, 다낭에서 살았습니다.)

(2) Dạo này sức khỏe của thầy Kim _________?
(요즘 김 교수님의 건강은 어떠신가요?)

(3) A: _________ anh đi Hàn Quốc?
B: Tuần sau tôi đi.
(A: 언제 한국에 가시나요? B: 다음 주에 갑니다.)

3. 아래 제시한 단어를 배열하여 완전한 문장을 만들어 보세요.

(1) chị / là / nói / Lan / với / bận / em / chị / .

____

(2) cách / Việt / học / anh / bằng / tiếng / nào / ?

____

(3) hồi / Busan / về / chị / nào / ?

____

4. 다음 글을 읽고 물음에 답하세요.

Min-ho là sinh viên đang học tiếng Việt ở Việt Nam. Tuần trước, anh ấy đã đi du lịch Đà Nẵng về. Anh ấy nói với cô Liên là anh ấy thấy Đà Nẵng rất đẹp. Anh ấy học tiếng Việt bằng cách nói chuyện với người Việt mỗi ngày. Tuần sau, anh ấy sẽ về nước để chuẩn bị đi học ở Hàn Quốc. Cô Liên nói là anh ấy học hành rất chăm chỉ.

(1) Tuần trước anh Min-ho đã đi đâu về?

(2) Anh Min-ho học tiếng Việt bằng cách nào?

(3) Bao giờ anh Min-ho sẽ về nước?

(4) Cô Liên nói gì về việc học của anh Min-ho?

BÀI 9 BUỔI SÁNG, ANH THƯỜNG LÀM GÌ?

제9과 아침에 당신은 보통 무엇을 합니까?

학습내용

- 완료 đã ~ được / chưa ~ được
- 과거의 가능성 đã có thể ~ / chưa thể ~
- 원인에 대해 말하기
- 행위 빈도에 대해 말하기

1. 회화

Sơn: Buổi sáng, Lan thường làm gì?

Lan: Em thường đi học ạ. Thứ bảy và chủ nhật em được nghỉ. Vào ngày chủ nhật, em luôn luôn đi nhà thờ.

Sơn: Ở nhà thờ, em có gặp anh Cường không?

Lan: Trước đây, em thỉnh thoảng gặp anh Cường ở nhà thờ, nhưng dạo này, khoảng 3, 4 tháng rồi, em không gặp anh ấy.

Sơn: Còn anh Dũng thì sao?

Lan: Anh Dũng ạ? Anh Dũng là người không bao giờ đi nhà thờ đâu ạ.

Sơn: À, anh quên mất. Thế, Lan thường làm gì vào ngày thứ bảy?

Lan: Em ngủ nhiều, xem TV, xem phim, nghe nhạc, đọc sách, báo, tạp chí, đi dạo… Đặc biệt là em thường xuyên kiểm tra, trả lời và viết email vào mỗi sáng thứ bảy.

Sơn: Thứ bảy mà không đi chơi thể thao à?

Lan: Em ít khi, phải nói là hiếm khi, đi chơi thể thao lắm ạ.

썬: 란은 아침에 보통 뭐 해?

란: 보통 학교에 가요. 토요일이랑 일요일은 쉬고요. 일요일에는 항상 성당에 가요.

썬: 성당에서 끄엉 씨 만나니?

란: 예전에는 성당에서 끄엉 씨를 가끔 만났는데, 요새 한 3, 4개월 동안은 통 못 만났어요.

썬: 즁 씨는 어때?

란: 즁 씨요? 즁 씨는 성당에 절대 안 가는 사람이에요.

썬: 아, 내가 깜빡했네. 그럼 란은 보통 토요일에 뭐 하니?

란: 잠을 많이 자기도 하고 TV나 영화를 봐요. 음악도 듣고 책, 신문, 잡지를 읽거나 산책도 하고요… 특히 토요일 아침마다 항상 이메일을 확인하고 답장을 쓰곤 해요.

썬: 토요일인데 운동하러 안 가니?

란: 저는 운동을 거의 안 해요. 드물게 한다고 해야 할 정도예요.

단어

buổi sáng: 아침

thường: 보통, 자주

nghỉ: 쉬다

luôn luôn: 항상

đi nhà thờ: 성당/교회에 가다

trước đây: 예전에

thỉnh thoảng: 가끔

chưa bao giờ: 한 번도 ~한 적 없다

không bao giờ: 결코 ~하지 않다, 절대 안 하다

quên: 잊다

ngủ: 자다

đọc báo: 신문을 읽다

tạp chí: 잡지

đi dạo: 산책하다

đặc biệt: 특히

thường xuyên: 자주, 규칙적으로

kiểm tra: 확인하다

trả lời: 답장하다

viết: 쓰다

đi chơi thể thao: 운동하러 가다

ít khi: 드물게, 거의 ~않다

hiếm khi: 아주 드물게, 희귀하게

2. 문법

1) 항상, 자주 luôn luôn / thường / thường xuyên

- 이 단어들은 습관의 빈도가 가장 높은 그룹에 속하며, 주로 동사나 형용사 앞에 위치합니다. **Luôn luôn**은 예외 없는 절대적인 빈도(100%, 항상)를 의미합니다. **Thường**과 **thường xuyên**은 그보다 조금 낮은 빈도(70~80%, 자주/보통)를 나타내며, 두 단어는 서로 비슷하게 사용됩니다.

예 Tôi luôn luôn đi nhà thờ vào sáng chủ nhật.
Cô ấy thường xuyên tập thể dục.

- 높은 빈도를 나타내는 부사 그룹은 문장 내 위치를 비교적 자유롭게 이동할 수 있습니다. 특히 의미 강조를 위해 부사를 문장 맨 앞으로 옮겨 사용할 때는 특정 단어가 더 선호되는 경향이 있습니다. 이 부사 그룹은 문장 내 위치 선정이 자유롭지만, 강조를 위해 **문장 맨 앞에 배치**할 경우에는 thường보다는 **thường xuyên**이 우선적으로 사용됩니다. 보통 **thường은 문장 맨 앞에 거의 쓰이지 않습니다.**

예 Thường xuyên tôi đi học.

2) 가끔, 드물게 thỉnh thoảng / đôi khi / ít khi / hiếm khi

- 이 단어들은 빈도가 그리 높지 않은 습관을 나타내는 단어 그룹입니다. 그중 thỉnh thoảng과 đôi khi는 의미가 서로 비슷하게 사용되며, ít khi와 hiếm khi 보다 빈도가 높습니다. 대략적으로 **thỉnh thoảng과**

đôi khi는 40%~50%의 빈도로, **ít khi**와 **hiếm khi**는 20%~30%의 빈도로 비교하여 설명하곤 합니다. 자연스러운 회화에서 hiếm khi는 ít khi보다 더 강한 의미로 사용되는데, 이는 빈도가 훨씬 더 낮음을 나타냅니다. 통상적으로 이 단어들은 **동사나 형용사 앞**에 위치합니다.

예 Anh ấy thỉnh thoảng đi siêu thị.
Anh ấy ít khi đi siêu thị.

- 이 단어들도 문장 앞에 둘 수 있습니다.

예 Thỉnh thoảng, anh ấy đi siêu thị.
Ít khi anh ấy đi siêu thị.

3) 결코 ~하지 않다 không bao giờ / không hề / chưa bao giờ / chưa hề

- 이것은 빈도가 0%인 습관에 관한 단어 그룹입니다. 그중 không bao giờ와 không hề, 그리고 chưa bao giờ와 chưa hề의 차이는 주관과 객관의 차이입니다. 이는 이 단어 그룹을 사용할 때 반드시 기억해야 할 매우 중요한 사항입니다.

구분	**주관적 표현** (의지/습관)	**객관적 표현** (사실/상태 강조)
현재/미래	**không bao giờ (절대 ~않다)** 예) Tôi không bao giờ uống rượu. 나는 절대 술을 마시지 않는다. (나의 습관이나 신념상 결코 마시지 않겠다는 의지를 표현)	**không hề (전혀 ~않다)** 예) Anh ấy không hề biết tin đó. 그는 그 소식에 대해 전혀 모른다. (그가 소식을 모른다는 객관적인 사실을 강조)
과거/경험	**chưa bao giờ (한 번도 ~적 없다)** 예) Tôi chưa bao giờ nói dối.나는 한 번도 거짓말을 한 적이 없다. (나의 성격이나 도덕적 습관을 강조)	**chưa hề (전혀 ~한 바 없다)** 예) Tôi chưa hề nhận được email của anh. 나는 당신의 이메일을 전혀 받은 바가 없다. (이메일이 도착하지 않았다는 객관적 상태를 강조)

Tip 주관적(~ bao giờ)의 뉘앙스는 의지나 습관과 관련되어 '나는 원래 그런 사람이야'와 같이 행위자의 태도에 초점이 맞춰져 있는 반면, 객관적(~ hề)은 어떤 일이 '없거나 아직 없거나' 또는 '일어나지 않거나 아직 일어나지 않은 것'을 확인하는 데 초점을 두고 있다는 차이로 이해할 수 있습니다.

- 이 단어들은 **보통 동사나 형용사 앞**에 사용됩니다. 그중 **không bao giờ와 chưa bao giờ는 문장 맨 앞에도 위치**할 수 있으나, **không hề와 chưa hề는 문장 맨 앞에 올 수 없는** 차이가 있습니다.

예 Không bao giờ tôi đi Nha Trang. (O)
Không hề tôi đi Nha Trang. (X)

4) 특정 시간(기간) 내 빈도가 높은 습관에 대해 묻고 답하는 문형은 다음의 표와 같다.

질문	대답
(thời gian) + 주어 + **thường làm gì?** 예) Buổi sáng, anh thường làm gì?	(thời gian) + 주어 + **luôn luôn / thường** + 동사. 예) Buổi sáng, tôi thường tập thể dục.
Khi…, 주어 + thường làm gì? 예) Khi buồn, chị thường làm gì?	Khi…, 주어 + luôn luôn / thường + 동사. 예) Khi buồn, tôi thường chơi game.

5) 행위 또는 상태의 빈도를 질문하고 답하는 문형은 다음의 표와 같다.

<table>
<tr><th>질문</th><th colspan="2">대답 (긍정/부정)</th></tr>
<tr><td rowspan="6">주어 + thường + 동사/형용사 + không?
예) Chị (có) thường đi siêu thị không?</td><td rowspan="2">Dạ, thường.</td><td>주어 + luôn luôn+ 동사/형용사
예) Tôi luôn luôn đi siêu thị.</td></tr>
<tr><td>주어 + thường + 동사/형용사
예) Tôi thường đi siêu thị.</td></tr>
<tr><td rowspan="4">Dạ, không.</td><td>주어 + thỉnh thoảng + 동사/형용사
예) Tôi thỉnh thoảng đi siêu thị.</td></tr>
<tr><td>주어 + ít khi + 동사/형용사
예) Tôi ít khi đi siêu thị.</td></tr>
<tr><td>주어 + không bao giờ + 동사/형용사
예) Tôi không bao giờ đi siêu thị.</td></tr>
<tr><td>주어 + chưa bao giờ + 동사/형용사
예) Tôi chưa bao giờ đi siêu thị.</td></tr>
</table>

1. 회화

Sơn: Chào Lan! Bây giờ là hơn 1 giờ trưa rồi. Em đã ăn cơm chưa?

Lan: Dạ, em vừa mới ăn xong lúc 12 giờ 30. Còn anh?

Sơn: Anh cũng đã ăn xong rồi. Anh nghe nói em đang chuẩn bị đi Hàn Quốc. Em đã xin được visa chưa?

Lan: Dạ, sau khi chờ 1 tháng, cuối cùng hôm nay em đã xin được rồi ạ.

Sơn: Thế à? Chúc mừng em nhé! Vậy là tháng 11 này em đã có thể đi được rồi nhỉ?

Lan: Dạ vâng. Đúng ra là hồi tháng 10 em định đi, nhưng vì chưa có visa nên em chưa thể đi được.

Bây giờ đã nhận được visa rồi nên tháng 11 này em đã có thể đi được rồi ạ.

Sơn: Tốt quá! Thế em đã mua được vé máy bay chưa?

Lan: Dạ, em đã mua được rồi. Hôm qua em phải chờ 2 tiếng trên mạng mới mua được vé rẻ đấy ạ.

썬: 안녕, 란아! 지금 오후 1시가 넘었네. 점심은 먹었니?

란: 네, 12시 30분에 먹었어요. 오빠는요?

썬: 나도 이미 먹었어. 너 한국 갈 준비 한다고 들었는데, 비자는 받았어?

란: 네, 한 달 동안 기다린 끝에 드디어 오늘 받았어요.

썬: 그래? 축하해! 그럼 결과적으로 이번 11월에는 갈 수 있게 된 거네?

란: 네. 11월에는 갈 수 있게 되었어요. 원래는 지난 10월에 가려고 했지만, 비자가 없어서 갈 수 없었거든요. 이제 비자를 받았기에 이번 11월에는 갈 수 있게 되었어요.

썬: 잘됐다! 그럼 비행기 표는 구했니?

란: 네, 구했어요. 어제 인터넷에서 2시간이나 기다린 끝에 겨우 저렴한 표를 샀거든요.

단어

hơn: ~ 넘게, ~ 이상 | trưa: 점심, 정오

rồi: 이미, 벌써 | đã: ~했다 (과거/완료)

chưa: 아직 ~않다 (의문문/부정문)

vừa mới: 방금 막 | nghe nói: ~라고 들었다

chuẩn bị: 준비하다 | xin: 신청하다, 청하다

visa: 비자 (thị thực) | chờ: 기다리다

cuối cùng: 드디어, 결국 | chúc mừng: 축하하다

chúc mừng: 축하하다 | luôn: 바로, 즉시

đâu: (부정의 강조) 전혀 ~아니다

vì: ~ 때문에 | nên: 그래서

nhưng: 하지만 | tốt quá: 정말 잘됐다, 좋다

mua: 사다 | vé máy bay: 비행기 표

tiếng: 시간 (기간을 나타낼 때)

trên: ~에서, ~위에서 | mạng: 인터넷, 네트워크

mới: 비로소, 겨우 | vé: 표

rẻ: 싸다 | đấy: ~네요, ~랍니다

2. 문법

1) 완료와 미완료 đã~ rồi / chưa ~

- 베트남어에서 어떤 동작의 완료 여부나 상태의 변화를 표현할 때는 **đã** (이미), **chưa**(아직), **rồi**(완료/강조)를 사용합니다. **완료**(긍정)는 **[주어 + đã + 동사/형용사 + rồi.]** 문형을 사용합니다. 여기서 rồi는 동작이나 상태가 완전히 끝났음(완료)을 강조합니다. **미완료**(부정)는 **[주어 + chưa + 동사/형용사.]** 문형을 사용합니다. chưa 자체가 '아직 ~안 했다'는 의미를 가지므로, 뒤에 rồi를 붙이지 않는 것이 일반적입니다.

- 이 표현들은 항상 기준 시점이 있어야 하는데, **문장 내에서 시점이 명확하지 않으면** 기본적으로 **지금(현재)을 기준**으로 판단합니다.

예 (동작) Lúc 12 giờ, Bình **đã** ăn trưa **rồi**.
Lúc 12 giờ, Toàn **chưa** ăn trưa.
(상태) Bây giờ, cô ấy **đã** vui vẻ **rồi**.
Bây giờ, cô ấy vẫn **chưa** vui.

Tip **미완료 상태를 강조**할 때는 '여전히'를 뜻하는 **vẫn을 chưa 앞에** 붙여서 자주 사용합니다.

- 어떤 일을 했는지(완료), 혹은 아직 안 했는지(미완료)를 묻고 답할 때는 다음 표와 같이 사용합니다.

<table>
<tr><th>질문</th><th>대답</th></tr>
<tr><td rowspan="2">주어 + đã + 동사/형용사 + chưa?
(~했습니까? / ~해졌습니까?)
예) Anh (đã) ăn trưa chưa?
예) Chị (đã) đỡ buồn chưa?</td><td>Dạ, rồi. 주어 + (đã) + 동사/형용사 + rồi.
(네, 이미 ~했습니다.)
예) Dạ, rồi. Tôi (đã) ăn rồi.
예) Dạ, rồi. Tôi (đã) đỡ buồn rồi.</td></tr>
<tr><td>Dạ, chưa. 주어 + (vẫn) chưa + 동사/형용사.
(아니요, 아직 ~안 했습니다.)
예) Dạ, chưa. Tôi chưa ăn.
예) Dạ, chưa. Tôi (vẫn) chưa vui.</td></tr>
</table>

Tip 일상 회화에서는 문맥상 과거임을 알 수 있거나 문장 끝에 **rồi**가 있으면, 굳이 **đã를 쓰지 않고 생략**하는 경우가 많습니다. 또한, '아직 ~안 했다(미완료)'는 뜻의 **chưa 뒤**에는 '이미 ~했다(완료)'는 뜻의 **rồi를 함께 쓰지 않는 것이 원칙**입니다. 다만, 베트남 사람이 **'Chưa làm rồi!'**라고 말한다면, 이는 단순한 사실 전달이 아니라 '아이고, 아직 안 했네!(큰일 났다)'와 같이 **감탄이나 낭패감**을 나타내는 **특수한 표현**입니다. 아울러 **đã...chưa?** 질문은 단순한 **과거 사실**(~했니?)과 **현재 완료**(~해 있는 상태니?)의 의미를 모두 포함하므로, 이를 문법적으로 **엄격하게 구분할 필요가 없습니다.**

2) ~ 때문에 vì

- 원인을 말하기 위해 [A + vì + B]의 결합 형식을 사용하며, 여기에서 A**는 결과**이고 B**는 원인**입니다. 보통 일반적으로 사용되는 문형은 **[주어$_1$ + 동사$_1$/형용사$_1$ + vì + 주어$_2$ + 동사$_2$/형용사$_2$]**입니다.

예 Tôi đi học muộn vì xe buýt đến trễ.
(버스가 늦게 와서 나는 학교에 지각했습니다.)

• 주어$_1$과 주어$_2$가 동일할 경우 주어2를 생략할 수 있습니다.

예 Anh không đến vì (anh) không nhớ.

3) 왜 tại sao / sao

• 원인을 묻는 문형으로는 [Tại sao + 주어 + 동사/형용사?]와 [Sao + 주어 + 동사/형용사?] 형태가 있습니다. 두 표현은 의미상 유사하지만 쓰임새에 차이가 있습니다. Tại sao로 질문하는 문형은 가장 표준적이고 격식 있는 표현입니다. 구체적인 원인을 진지하게 묻거나, 경우에 따라 상대방에게 이유를 따져 물을 때 사용합니다. Sao로 질문하는 문형은 일상 회화(구어체)에서 가장 많이 쓰이는 표현입니다. Tại sao보다 부드럽고 가벼운 느낌으로 이유를 물을 때 사용합니다.

예 Tại sao anh không nhớ?
(왜 기억을 못 합니까? - 진지하게 또는 따지듯이)
Sao anh không đến? (왜 안 왔어요? - 가볍게)

• 대화 문맥상 내용을 이미 알고 있어서 '왜?'라고만 짧게 되물을 때, Tại sao?는 사용할 수 있지만 Sao?는 사용할 수 없습니다. Sao?가 단독으로 쓰이면 '왜(이유)'가 아니라 '왜 그래?', '무슨 일이야?', '그래서(어쩌라고)?'와 같이 상태를 묻거나 반문하는 뜻이 되기 때문입니다.

• 원인과 이유를 묻는 질문 문형은 다음 표와 같이 요약할 수 있습니다.

질문	대답
Sao + 주어 + 동사/형용사? 예) Sao anh không đến?	**주어$_1$ + 동사$_1$/형용사$_1$ + vì + 주어$_2$ + 동사$_2$/형용사$_2$** 예) Anh không đến vì anh không nhớ.
Tại sao + 주어 + 동사/형용사? 예)Tại sao anh không nhớ?	**주어$_1$ + 동사$_1$/형용사$_1$ + vì + 주어$_2$ + 동사$_2$/형용사$_2$** 예) Anh không nhớ vì anh bận quá.

문형 연습

1. ~ chưa?

Anh	ăn cơm	chưa?
Chị	về quê	
Cô	đi siêu thị	
Cháu	đi bệnh viện	
Em	làm bài tập	

2. Dạ, rồi. ~ rồi.

Dạ, rồi.	Tôi	ăn cơm	rồi.
	Tôi	về quê	
	Tôi	đi siêu thị	
	Cháu	đi bệnh viện	
	Em	làm bài tập	

3. Dạ, chưa. ~ chưa ~

Dạ, chưa.	Tôi	chưa	ăn cơm.
	Tôi		về quê.
	Tôi		đi siêu thị.
	Cháu		đi bệnh viện.
	Em		làm bài tập.

4. Tại sao ~ ?

Tại sao	anh	không đi học?
	chị	không vui?
	ông	không nói với bác sĩ.
	bà	không đi taxi
	thầy	không dạy chúng em?

5. Tôi ~ vì ~

Tôi	không đi học	vì	tôi không khỏe.
	không vui		anh ấy không muốn gặp tôi.
	không nói với bác sĩ		bác sĩ không muốn nghe.
	không đi taxi		tôi không có tiền.
	không dạy các bạn		tôi phải đi nước ngoài.

6. ~ anh thường làm gì?

Buổi sáng	anh	thường	làm gì?
Buổi trưa			
Buổi chiều			
Buổi tối			
Sau 12 giờ taxi			

7. ~ tôi thường ~

Buổi sáng	tôi	thường	đi học.
Buổi trưa			về nhà ăn cơm.
Buổi chiều			làm việc nhà.
Buổi tối			chuẩn bị bài học ngày mai.
Sau 12 giờ đêm			ngủ.

연습문제

1. 다음 빈칸에 가장 알맞은 표현을 고르세요.

(1) A: Lan ________ đi nhà thờ vào ngày chủ nhật không?
B: Dạ, em luôn luôn đi ạ.

ⓐ thường　ⓑ đã　ⓒ vừa　ⓓ mới

(2) Em đã xin được visa ________?

ⓐ rồi　ⓑ mới　ⓒ chưa　ⓓ xong

(3) Lan chưa thể đi Hàn Quốc vào tháng 10 ________ chưa có visa.

ⓐ nhưng　ⓑ vì　ⓒ nên　ⓓ để

(4) ________ anh không nhớ? (이유를 따져 물을 때)

ⓐ Sao　ⓑ Tại sao　ⓒ Thế nào　ⓓ Bao giờ

2. 다음 문장의 빈칸에 알맞은 단어를 〈보기〉에서 골라 적으세요.

〈 보기: thường xuyên, không bao giờ, được 〉

(1) __________ tôi đi học.

(2) Anh Dũng là người __________ đi nhà thờ đâu ạ.

(3) Vì chưa có visa nên em chưa thể đi __________.

3. 아래 제시한 단어를 배열하여 완전한 문장을 만들어 보세요.

(1) thường / Lan / làm / sáng / gì / buổi / ?

____

(2) cơm / đã / anh / rồi / ăn / chưa / ?

____

(3) vì / học / tôi / đến / trễ / đi / muộn / xe buýt / .

____

4. 다음 글을 읽고 물음에 답하세요.

Lan là người rất chăm chỉ. Buổi sáng, Lan thường đi học. Vào ngày chủ nhật, Lan luôn luôn đi nhà thờ nhưng Lan chưa bao giờ gặp anh Cường ở đó. Lan ít khi đi chơi thể thao vì Lan thường xuyên đọc sách, báo và viết email vào mỗi sáng thứ bảy. Hiện nay, Lan đang chuẩn bị đi Hàn Quốc. Hồi tháng 10, Lan chưa thể đi được vì chưa có visa. Nhưng cuối cùng, hôm nay Lan đã xin được visa rồi. Lan cũng đã mua được vé máy bay giá rẻ trên mạng vào ngày hôm qua.

(1) Lan luôn luôn làm gì vào ngày chủ nhật?

(2) Tại sao Lan ít khi đi chơi thể thao?

(3) Tại sao hồi tháng 10 Lan chưa thể đi Hàn Quốc được?

(4) Lan đã mua được vé máy bay chưa? Khi nào Lan mua được?

BÀI 10 CHỊ HỌC TIẾNG VIỆT BAO LÂU RỒI?

제10과 베트남어를 얼마 동안 배웠습니까?

학습내용

- 원인: vì / bởi / do / tại
- 결과: nên / vì… nên… / do… nên…
- 기간: bao lâu? / bao lâu rồi? / bao lâu nữa?

1. 회화

Đức: Chào chị Soo-min. Chị đang đọc báo tiếng Việt à? Chị giỏi quá!

Soo-min: Chào Đức. Chị vẫn còn phải học nhiều lắm.

Đức: Chị học tiếng Việt bao lâu rồi?

Soo-min: Chị học ở Hàn Quốc 1 năm, rồi sang đây được 6 tháng rồi.

Đức: Chị đã ở Việt Nam bao lâu rồi?

Soo-min: Chị đến Việt Nam từ tháng 8 năm ngoái. Tính đến nay là được nửa năm rồi.

Đức: Thế chị định ở lại Việt Nam bao lâu nữa?

Soo-min: Chị định ở lại khoảng 1 năm rưỡi nữa để hoàn

thành chương trình cao học.

Đức: Sau khi tốt nghiệp, chị có về nước luôn không?

Soo-min: Chị chưa biết. Có lẽ chị sẽ ở lại làm việc thêm một thời gian nữa.

득: 안녕하세요, 수민 누나. 베트남어 신문을 읽고 계세요? 정말 대단하시네요!

수민: 안녕, 득. 아직 공부할 게 훨씬 더 많아.

득: 베트남어를 공부한 지 얼마나 됐어요?

수민: 한국에서 1년 공부하고, 여기 온 지 6개월 됐어.

득: 베트남에 있은 지는 얼마나 됐나요?

수민: 작년 8월에 베트남에 왔어. 지금까지 반년 됐네.

득: 그럼 베트남에 얼마나 더 있을 예정이에요?

수민: 대학원 과정을 마치려고 약 1년 반 정도 더 있을 생각이야.

득: 졸업 후에 바로 귀국할 거예요?

수민: 아직 모르겠어. 아마 얼마간 더 남아서 일을 할 수도 있을 것 같아.

단어 bao lâu rồi: 얼마나 됐나요? bao lâu nữa: 얼마나 더?
sang đây: 여기로 오다 năm ngoái: 작년
tính đến nay: 지금까지 계산하면
nửa năm: 반년 năm rưỡi: 1년 반
hoàn thành: 완성하다, 마치다
cao học: 대학원 tốt nghiệp: 졸업하다
về nước: 귀국하다
một thời gian nữa: 얼마간 더, 한동안 더

---

2. 문법

1) 얼마 동안? ~ bao lâu?

- 이 의문사는 어떤 행동이나 상태가 시작되어 끝날 때까지 지속된 기간(시간의 길이)을 질문할 때 사용하며, 문형은 **[주어 + (đã / sẽ) + 동사 / 형용사 + bao lâu?]**이고, 대답은 **[주어 + (đã / sẽ) + 동사 / 형용사 + … 시간]**입니다.

  예 Chị gặp thầy Nam (trong) bao lâu?
  (남 선생님을 얼마 동안 만났지요?)

  Tip 문맥상 시제(과거/미래)를 파악할 수 있다면 đã와 sẽ를 생략할 수 있습니다.

2) 얼마 되었죠? ~ bao lâu rồi?

• 어떤 행동이나 상태가 시작된 시점으로부터 지금(말하는 시점)까지의 시간을 질문할 때 사용합니다. 과거부터 현재까지 이어져 온 기간을 묻는 것이므로, 문장 끝에 완료와 유지를 나타내는 rồi를 반드시 사용해야 합니다. 문형은 **[주어 + (đã) + 동사 / 형용사 + bao lâu rồi?]**이다. 대답은 **[주어 + (đã) + 동사 / 형용사 + … rồi.]**입니다.

예 Chị đến trường bao lâu rồi?
(학교에 온 지/다닌 지 얼마 되었죠?)

Tip 과거부터 현재까지 이어져 온 기간을 표현할 때는, 기간을 나타내는 단어 뒤(문장의 맨 끝)에 반드시 rồi를 붙여야 합니다. 만약 rồi를 생략하고 bao lâu만 쓰면, 현재까지의 기간이 아니라 '앞으로 걸릴 시간(미래)'이나 '단순 소요 시간'으로 오해받을 수 있습니다.

3) 얼마나 더? ~ bao lâu nữa?

• 현재 진행 중인 동작이나 상태가 앞으로 얼마나 더 지속될지(남은 시간)를 물을 때 사용합니다. 미래의 시간을 묻는 표현이므로 미래 시제 부사 sẽ를 함께 쓰거나, 문맥상 알 수 있다면 생략할 수 있습니다. 문형은 **[주어 + (sẽ) + 동사 / 형용사 + bao lâu nữa?]**이며, 대답은 **[주어 + (sẽ) + 동사 / 형용사 + … nữa.]**로 답할 수 있습니다.

예 Chị sẽ ở trường bao lâu nữa?
(학교에 얼마나 더 있을 건가요?)

Tip '추가적인 기간'이나 '앞으로 남은 시간'임을 나타내기 위해서는 문장 끝(또는 시간 표현 뒤)에 반드시 nữa를 붙여야 합니다. 만약 nữa를 빼고 bao lâu만 쓰면, '남은 시간'이 아니라 '총 소요 시간'을 묻는 것으로 오해할 수 있습니다. 예를 들어, Anh đợi bao lâu?는 '얼마나 기다려요?'라며 총 소요 시간을 묻는 반면, Anh đợi bao lâu nữa?는 '얼마나 더 기다려요?'라며 앞으로 남은 시간을 묻는다는 점에서 분명한 차이가 있습니다.

4) 얼마나 있다가 Bao lâu nữa ~?

- 이 문형은 현재 시점부터 어떤 행동이나 상태가 시작될 때까지 남은 시간을 질문할 때 사용합니다. 즉, '얼마나 있다가 시작하나요?' 혹은 '시작까지 얼마나 남았나요?'라는 의미입니다. 미래의 일을 묻는 것이므로 sẽ를 함께 쓰거나 생략할 수 있습니다. 질문 문형은 **[Bao lâu nữa + 주어 + (sẽ) + 동사/형용사?]**이고, 대답은 **[~ nữa + 주어 + (sẽ) + 동사/형용사.]**입니다.

예 Bao lâu nữa (thì) chị sẽ bắt đầu tiết học buổi chiều?
(오후 수업 시작하려면 얼마나 (더) 있어야 합니까? / 얼마 뒤에 오후 수업을 시작합니까?)
Tôi sẽ bắt đầu sau 10 phút nữa. (10분 뒤에 시작할 겁니다.)

1. 회화

Đức: Chào chị Soo-min. Sao thứ tư vừa rồi chị không đi học thế?

Soo-min: À, tại vì anh Cường nói là thầy bận, không đến lớp nên chị ở nhà.

Đức: Tại sao chị lại tin anh Cường dễ dàng như vậy?

Soo-min: Chị tin anh ấy bởi vì từ trước đến nay anh ấy luôn nói thật.

Đức: Nhưng vì chị không đi học nên thầy rất giận đấy. Thầy nói là do chị vắng mặt nên chị sẽ không thể hiểu bài mới được.

Soo-min: Thế à? Vì thầy giận như vậy nên chị sẽ đến gặp thầy để giải thích và xin lỗi.

득: 수민 누나 안녕하세요. 왜 지난 수요일에 학교에 안 갔어요?

수민: 아, 끄엉 오빠가 선생님께서 바쁘셔서 수업 안 오신다고 하길래 집에 있었지.

득: 왜 그렇게 끄엉 형 말을 쉽게 믿었어요?

수민: 예전부터 지금까지 그 오빠는 항상 사실만 말하니까(거짓말을 안 하니까) 믿었지.

득: 하지만 누나가 학교에 안 와서 선생님께서 매우 화나셨어요. 누나가 결석했기 때문에 새 수업 내용을 이해하지 못할 거라고 하셨거든요.

수민: 그래? 선생님께서 그렇게 화나셨으니 내가 가서 설명드리고 사과드려야겠네.

단어 sao / tại sao: 왜 vừa rồi: 지난, 방금 전

tin: 믿다 dễ dàng: 쉽게

bởi vì / bởi: 왜냐하면, ~때문에

nói thật: 진실을 말하다 giận: 화나다

vắng mặt: 결석하다, 자리에 없다

giải thích: 설명하다 xin lỗi: 사과하다

2. 문법

1) 왜냐 하면 vì / bởi / bởi vì / do

- 이 접속사들은 '원인'에 대해 말할 때 기본적으로 유사한 의미로 사용됩니다. 문형은 [A + vì / bởi / bởi vì / do + B]로, **A는 결과, B는 원인**을 표현합니다. 완전한 문장은 [주어$_1$ + 동사$_1$ / 형용사$_1$ + vì / bởi / bởi vì / do + 주어$_2$ + 동사$_2$ / 형용사$_2$]입니다.

예 Tôi tin anh Cường vì anh ấy luôn nói thật.
(나는 끄엉 형/오빠가 항상 진실만을 말하기 때문에 그를 믿어요.)

- 이 문형에서 주어$_1$과 주어$_2$가 같은 경우는 주어$_2$를 생략할 수 있습니다.

예 Tôi làm theo anh Cường vì (tôi) tin anh ấy.
(나는 끄엉 형을 믿기 때문에 그를 따라 했습니다.)

2) ~ 때문에 tại / tại vì

- tại와 tại vì는 원인에 대해 말할 때 기본적으로 의미상의 차이가 없으며 서로 혼용하여 사용할 수 있습니다.문형은 [A + tại / tại vì + B]로, A는 결과, B는 원인을 표현합니다. 완전한 문장은 [주어1 + 동사1/ 형용사1+ tại / tại vì + 주어2 + 동사2) / 형용사2]입니다.

예 Tôi không tin anh Cường tại vì anh ấy luôn nói dối.
(나는 끄엉 형이 항상 거짓말을 하기 때문에 그를 믿지 않아요.)

- **tại, tại vì는 '원인'이 소극적, 부정적일 경우에 사용**하고, 긍정적이거나 적극적일 경우에는 사용하지 않습니다. 하지만 vì, bởi, bởi vì, do는 두 경우 모두에 사용할 수 있습니다.

예 Tôi không tin anh Cường vì / bởi / bởi vì / do anh ấy luôn nói dối. (O)
Tôi không tin anh Cường tại anh ấy luôn nói dối.(O)
Tôi tin anh Cường tại anh ấy luôn nói thật. (X)

Tip vì가 중립적인 이유를 나타낸다면, tại나 tại vì는 주로 부정적인 결과에 대한 원망이나 핑계, 혹은 책임을 돌릴 때 자주 사용됩니다. 한국어의 '~ 탓에'라는 표현과 유사한 뉘앙스를 풍기므로, 문맥에 따라 주의해서 사용해야 합니다.

- '원인'이 긍정인지 부정인지 모호한 경우에는 화자의 주관적인 의도에 따라 선택할 수 있습니다. 청자에게 화자의 부정적 의사(불만)를 분명히 알리고자 할 경우에 tại나 tại vì를 사용합니다.

예 Tôi về vì anh đến.
(당신이 왔기 때문에, [이제 당신에게 맡기고] 저는 갑니다. - 중립/긍정)
Tôi về tại anh đến.
(당신이 왔기 때문에, [당신 탓에 기분이 상해서/보기 싫어서] 저는 갑니다. - 부정/불만)

3) 그래서 nên / vì ~ nên ~

- **nên은 결과를 언급할 때 사용**하며, 이때의 문형은 **[A + nên + B]이고, A는 원인, B는 결과**를 표현합니다. 완전한 문장은 [주어$_1$ + 동사$_1$/형용사$_1$ + nên + 주어$_2$ + 동사$_2$ / 형용사$_2$]입니다. 물론 주어$_1$과 주어$_2$

가 같은 경우, 주어2는 생략할 수 있습니다.

예 Cô ấy không thể đi du lịch nên cô ấy buồn.
(그녀는 여행을 갈 수 없기 때문에 슬프다.)

• 보다 분명한 의미를 표현하기 위해 **Vì / bởi / bởi vì / tại / tại vì / do … nên…과 같은 관용구로 사용**합니다.

예 **Vì** anh không đi học **nên** thầy rất giận. (오빠/형이 학교에 가지 않았기 때문에 선생님께서 매우 화가 나셨습니다.)

4) 그래서 / 그러므로 / 따라서 vì vậy / bởi vậy / do đó / cho nên

• 결과를 표현하는 vì vậy, bởi vậy, do đó, cho nên은 nên과 유사하게 원인(A)과 결과(B)를 연결하는 기능을 수행하며, 통상적으로 문장이 짧을 때는 nên을 사용하여 결합하지만, 문장이 길고 각 문장이 완전할 경우에는 의미를 더 분명하게 전달하고 문장의 길이를 조절하기 위해 별도의 문장으로 나누어 **[주어1 + 동사1/형용사1… + (접속사), 주어2 + 동사2/형용사2]**의 형태로 사용하는 것이 더 일반적입니다. 이때 접속사 뒤에는 보통 쉼표(,)를 찍어 구분을 명확히 합니다.

예 Cô ấy không thể đi du lịch. Vì vậy, cô ấy rất buồn.
(그녀는 여행을 갈 수 없습니다. 그래서 그녀는 매우 슬퍼합니다.)

문형 연습

1. ~ vì / bởi / bởi vì / do ~

Tôi tin anh ấy	vì bởi bởi vì do	anh ấy luôn nói thật.

2. ~ tại / tại vì ~

Tôi không tin anh ấy	tại tại vì	anh ấy luôn nói dối.

3. ~ nên ~

Anh không đi học	nên	anh không hiểu bài học.
Hà rất thông minh		hiểu rất nhanh.
Chị ấy chưa về nước		còn ở Việt Nam.
Hà gặp được chị Lan		rất vui.

4. Vì / Bởi / Bởi vì / Tại / Tại vì / Do ~ nên ~

Vì Bởi Bởi vì Tại Tại vì Do	kế hoạch đã thay đổi	nên	chị Lan chưa về nước.

5. Anh ấy (đã) ~ bao lâu rồi?

		sống ở Mỹ	
		yêu chị Tuyết	
Anh ấy	(đã)	làm ở công ti đó	bao lâu rồi?
		học tiếng Việt	
		đến đây	

6. Anh ấy (đã) ~

		sống ở Mỹ	3 năm rồi.
		yêu chị Tuyết	khoảng 1 năm rồi.
Anh ấy	(đã)	làm ở công ti đó	khoảng 2 năm rồi.
		học tiếng Việt	6 tháng rồi.
		đến đây	30 phút rồi.

연습문제

1. 다음 빈칸에 가장 알맞은 표현을 고르세요.

(1) A: Chị học tiếng Việt _________?
B: Chị học được 1 năm rồi.

ⓐ khi nào ⓑ bao lâu rồi ⓒ bao lâu nữa ⓓ bao giờ

(2) Chị định ở lại Việt Nam _________ 1 năm rưỡi nữa?

ⓐ rồi ⓑ mới ⓒ khoảng ⓓ xong

(3) _________ muốn hoàn thành chương trình cao học nên chị Soo-min định ở lại Việt Nam thêm 1 năm rưỡi nữa.

ⓐ Vì ⓑ Nên ⓒ Tại ⓓ Nhưng

(4) Chị Soo-min học hành rất chăm chỉ. _________, chị ấy nói tiếng Việt rất giỏi.

ⓐ Vì ⓑ Nhưng ⓒ Vì vậy ⓓ Tại vậy

2. 다음 문장의 빈칸에 알맞은 단어를 〈보기〉에서 골라 적으세요.

〈 보기: bao lâu nữa, tại, rồi 〉

(1) Chị đã ở Việt Nam được nửa năm ________.

(2) ________ chị sẽ về nước?
(지금부터 귀국할 때까지 남은 시간을 물을 때)

(3) Chị Soo-min nghỉ học ________ tin lời anh Cường.

3. 아래 제시한 단어를 배열하여 완전한 문장을 만들어 보세요.

(1) chị / Việt / ở / Nam / lâu / bao / rồi / ?

____

(2) học / vì / nên / không / giận / chị / đi / thầy / .

____

(3) định / lại / chị / năm / rưỡi / khoảng / ở / nữa / 1 / .

____

4. 다음 글을 읽고 물음에 답하세요.

Soo-min là sinh viên Hàn Quốc. Chị ấy đã học tiếng Việt ở Hàn Quốc 1 năm, rồi sang Việt Nam được 6 tháng rồi. Tính đến nay, chị ấy đã ở Việt Nam được nửa năm. Soo-min định ở lại Việt Nam khoảng 1 năm rưỡi nữa để hoàn thành chương trình cao học. Thứ tư vừa rồi, Soo-min không đi học tại anh Cường nói là thầy giáo bận. Vì chị không đi học nên thầy rất giận. Soo-min sẽ đến gặp thầy để giải thích và xin lỗi.

(1) Chị Soo-min đã học tiếng Việt ở Việt Nam bao lâu rồi?

(2) Tại sao thứ tư vừa rồi chị Soo-min không đi học?

(3) Chị Soo-min định ở lại Việt Nam bao lâu nữa?

(4) Sau khi thầy giáo giận, chị Soo-min định làm gì?

참고문헌

배양수, 후인꽁히엔. (2013). *베트남어 I*. 부산외국어대학교 출판부.

이강우. (2019). *NEW START 베트남어 첫걸음*. 삼지사.

조재현, 전혜경, 송정남, 응우옌반푹. (2005). *한국인을 위한 베트남어 I*. 한국외국어대학교 출판부.

Diệp, Q. B., & Hoàng, V. T. (2024). *Ngữ pháp tiếng Việt* (Tập 1, Tái bản lần thứ 17). Nhà xuất bản Giáo dục Việt Nam.

Diệp, Q. B. (2024). *Ngữ pháp tiếng Việt* (Tập 2, Tái bản lần thứ 17). Nhà xuất bản Giáo dục Việt Nam.

Lã, T. B. L., Phan, T. H. X., & Nguyễn, T. T. N. (2025). *Giáo trình Tiếng Việt và Tiếng Việt thực hành*. Nhà xuất bản Đại học Sư Phạm.

Nguyễn, Đ. D. (2025). *Từ câu sai đến câu hay* (Tái bản). Nhà xuất bản Trẻ.

Duffield, N., Phan, T., & Trinh, T. (Eds.). (2019). *Interdisciplinary perspectives on Vietnamese linguistics*. John Benjamins Publishing Company.

Kim, L. P. T., & Oanh, N. K. (2001). *Conversational Vietnamese: An intermediate text*. University of Washington Press.

Long, N., Clark, M., & Thuan, N. B. (2012). *Spoken Vietnamese for beginners*. NIU Press.

Ngo, B. (2021). *Vietnamese: An essential grammar*. Routledge.

Thompson, L. C. (1987). *A Vietnamese reference grammar*. University of Hawaii Press.

모범답안과 독해번역문

제1과

1. 상황별 말하기

번호	화자1	화자 2
(1)	Bình: Chào chị.	Hà: Chào anh.
(2)	Bình: Chào bạn.	Hà: Chào bạn.
(3)	Bình: Chào Hà.	Hà: Chào Bình.
(4)	Hà: Chào chị.	Ngọc: Chào em.
(5)	Hải: Chào cô.	Lan: Chào em.
(6)	Hà: Chào thầy.	Nam: Chào em.
(7)	Bình: Chào anh.	An: Chào em.
(8)	Ngọc: Chào các anh.	An/Hòa: Chào em.
(9)	Lan: Chào các bạn.	Sinh viên: Chào cô.

2. 공손한 문장 완성

번호	문장 완성
(1)	Chào thầy ạ.
(2)	Xin chào cô.
(3)	Chào các chị ạ.
(4)	Chào các thầy ạ.

제2과

1. 아래 대화를 완성해 보세요.

순서	빈칸 정답
첫 번째	Em chào thầy ạ.
두 번째	Thầy có khỏe không ạ?
세 번째	Còn em?
네 번째	Em chào thầy ạ.

2. 빈칸에 맞는 단어 선택

문항	정답	비고
(1)	ⓒ	uống (마시다)
(2)	ⓓ	có (있다/가지다)
(3)	ⓑ	ăn (먹다)

3. 빈칸에 còn, và, cũng 채우기

문항	정답
(1)	và
(2)	và
(3)	cũng
(4)	còn
(5)	và / còn / và
(6)	cũng

4. 답변에 대한 질문 만들기

문항	정답
(1)	Anh ấy có thích cà phê không?
(2)	Em có biết thầy Kim không?
(3)	Em có thích thầy Kim và cô Lan không?

제3과

1. 아래 대화를 완성해 보세요.

순서	정답
첫 번째 (Lee)	chị tên là gì? (또는 tên chị là gì)
두 번째 (Lee)	Tôi tên Lee.
세 번째 (Mai)	anh làm nghề gì?
네 번째 (Mai)	Tôi là y tá.
다섯 번째 (Mai)	Chị Liên cũng là y tá phải không?

2. 빈칸에 맞는 단어 선택

문항	정답	비고
(1)	ⓓ	a, b đúng (là와 làm 모두 직업 앞에 사용 가능)
(2)	ⓑ	không phải (là의 부정: ~이 아니다)

3. 문장 배열 연습

문항	배열 완성 문장
(1)	Tôi là sinh viên còn thầy Kim là giáo viên.
(2)	Anh ấy không phải là bác sĩ.
(3)	Tôi không biết cô ấy thích ăn phở gì.

4. 독해문 한국어 번역

어제 나는 빈, 또안, 하, 번, 민우 형(오빠), 지민 형(오빠), 마이 언니(누나), 응옥 언니(누나), 동 아저씨, 피 아저씨, 이 교수님(선생님), 그리고 란 교수님(선생님)을 만났습니다. 우리는 매우 많이 먹고 마시고 이야기했습니다. 우리는 밥과 쌀국수를 먹고 커피, 맥주, 술을 마셨습니다. 우리는 매우 즐거웠습니다.

제4과

1. 빈칸에 알맞은 답안 선택

문항	정답	정답	의미
(1)	ⓑ	nào	어느 (나라)
(2)	ⓐ	gì	무엇을 (배우나)
(3)	ⓓ	ai	누가 (친구가 누구인가)
(4)	ⓓ	ai	누구와 (커피를 마시나)

2. 문장 배열 연습

문항	배열 완성 문장
(1)	Cô ấy là người Hàn Quốc.
(2)	Ai là bạn của anh?
(3)	Hôm qua tôi uống cà phê với Ji-soo.

3. 나라 이름 넣기

문항	정답	비고
(1)	Hàn Quốc	한국
(2)	Việt Nam	베트남
(3)	Nhật Bản	일본
(4)	Anh	영국

4. 독해문 한국어 번역

이분은 피터 형(오빠)입니다. 서분은 수미 누나(언니)입니다. 피터 형(오빠)은 미국인이고, 수미 누나(언니)는 한국인입니다. 수미 누나(언니)는 피터 형(오빠)과 함께 베트남어를 공부합니다. 저기 계신 분은 강 선생님입니다. 강 선생님은 무엇을 가르치든 아주 잘 가르치십니다(아주 훌륭하십니다).

제5과

1. 알맞은 의문사 선택

문항	정답	정답	비고
(1)	ⓒ	đâu	어디 (어디 사십니까?)
(2)	ⓐ	mấy	몇 (무슨 요일입니까?)
(3)	ⓑ	bao nhiêu	얼마/몇 (몇 년생입니까?)
(4)	ⓐ	gì	무엇 (무엇을 하러 가십니까?)

2. 숫자를 베트남어(글자)로 표기

문항	정답
(1)	mười lăm
(2)	hai mươi mốt
(3)	chín mươi lăm
(4)	một trăm linh năm (또는 một trăm lẻ năm)
(5)	một nghìn không trăm linh một
(6)	hai triệu năm trăm nghìn
(7)	một trăm năm mươi

3. 수치 기호 읽는 법

문항	정답
(1)	không phẩy năm
(2)	ba phần tư (또는 ba phần bốn)
(3)	tám mươi phần trăm
(4)	ba mươi ba trên hai mươi chín (※ 주소는 trên)

4. 문장 배열 연습

문항	배열 완성 문장
(1)	Em sống ở số 162 đường Lê Thánh Tôn.
(2)	Anh đi Đà Nẵng để làm gì?
(3)	Đó là ngày chủ nhật.

제6과

1. 빈칸에 알맞은 표현 선택

문항	정답	단어	비고
(1)	ⓐ	đúng	정각 (8시 정각입니다)
(2)	ⓒ	đó	~하고 있다 (문장 끝에서 진행 강조)
(3)	ⓑ	lúc	~에 (시각 앞에 쓰이는 전치사)
(4)	ⓒ	lần	번/횟수 (일주일에 2번)

2. 시간을 베트남어(글자)로 표기

문항	베트남어 표기
(1)	mười giờ đúng
(2)	tám giờ rưỡi (또는 tám giờ ba mươi)
(3)	sáu giờ kém mười lăm (또는 năm giờ bốn mươi lăm)

3. 문장 배열 연습

문항	배열 완성 문장
(1)	Chị Hà đang xem tivi.
(2)	Hôm nay anh học mấy tiết?
(3)	Anh kết thúc lúc mấy giờ?

4. 독해문 번역 및 질문 답변

오늘은 금요일입니다. 민호 형(오빠)과 짱은 할 일이 많습니다. 아침에 민호 형(오빠)은 베트남어를 공부하기 위해 9시에 학교에 갑니다. 그는 5교시 동안 수업을 듣는데, 오전에 3교시, 오후에 2교시를 공부합니다. 짱은 수업이 없어서 슈퍼마켓에 갑니다. 오후 5시에 민호 형(오빠)은 수업(공부)을 마칩니다. 짱은 민호 형(오빠)을 만나러 학교로 올 것입니다. 내일은 주말이기 때문에 두 사람은 커피를 마시고 영화를 보러 갈 것입니다.

번호	질문 (의미)	정답
(1)	민호 형(오빠)은 몇 시에 베트남어를 공부합니까?	Anh Min-ho học tiếng Việt lúc 9 giờ (sáng).
(2)	왜 오늘 짱은 슈퍼마켓에 갑니까?	Tại (vì) Trang không có lớp nên em ấy đi siêu thị.
(3)	내일은 무슨 요일입니까?	Ngày mai là thứ bảy.

제7과

1. 빈칸에 알맞은 표현 선택

문항	정답	단어	비고
(1)	ⓑ	hay	또는 (의문문에서 선택)
(2)	ⓑ	có thể	~할 수 있다 (가능)
(3)	ⓐ	khi	~할 때 (Trước khi: ~하기 전에)
(4)	ⓓ	cho	~에게 (전화를 걸다)

2. 빈칸에 알맞은 단어 채우기

문항	정답	비고
(1)	Trước đây	이전에/예전에는 (과거의 상태)
(2)	Sau này	나중에/추후에는 (미래의 계획)
(3)	xong	다 ~하다/마치다 (동사 뒤에서 완료 강조)

3. 문장 배열 연습 정답

문항	배열 완성 문장	한국어 의미
(1)	Anh có nói được tiếng Việt không?	당신은 베트남어를 말할 수 있습니까?
(2)	Trước khi đến trường, tôi ăn sáng.	학교에 오기 전에 저는 아침을 먹습니다.
(3)	Tôi muốn ở lại Việt Nam làm việc.	나는 베트남에 남아서 일하고 싶습니다.

4. 독해문 번역 및 질문 답변

민호 형(오빠)은 베트남어를 공부한 지 3개월 되었습니다. 이전에 그는 한국에서 2년 동안 베트남어를 공부했습니다. 그는 조금 말할 수 있습니다. 여기서 공부를 마친 후에, 그는 베트남에 남아서 일하고 싶어 합니다. 베트남에 오기 전에 그는 학생이었습니다.

번호	질문 (의미)	정답 (베트남어)
(1)	민호 형(오빠)은 베트남어를 공부한 지 얼마나 됐나요?	Anh Min-ho đã học tiếng Việt 3 tháng rồi.
(2)	이전에 민호 형(오빠)은 어디서 베트남어를 공부했나요?	Trước đây, anh Min-ho học tiếng Việt ở Hàn Quốc.
(3)	베트남에 오기 전 민호 형(오빠)의 직업은 무엇이었나요?	Trước khi sang Việt Nam, anh Min-ho là sinh viên.

제8과

1. 빈칸에 알맞은 표현 선택

문항	정답	단어	비고
(1)	ⓓ	Bao giờ	언제 (미래의 시점을 물을 때)
(2)	ⓐ	là	~라고 (전달하거나 인용할 때)
(3)	ⓑ	vào	~에 (월, 년 등 구체적 시점 앞)
(4)	ⓑ	bằng	~으로/방식으로 (수단이나 방법)

2. 빈칸에 알맞은 단어 채우기

문항	정답	의미 및 해설
(1)	hồi	~때/적에 (과거의 한 시점을 회상)
(2)	thế nào	어떻게/어떠한 (상태나 안부를 물을 때)
(3)	chừng nào	언제 (미래 시점 질문)

3. 문장 배열 연습

문항	배열 완성 문장	한국어 의미
(1)	Chị Lan nói với em là chị bận.	란 누나(언니)는 나에게 본인이 바쁘다고 말했습니다.
(2)	Anh học tiếng Việt bằng cách nào?	당신은 어떤 방법으로 베트남어를 공부합니까?
(3)	Chị về Busan hồi nào?	당신은 언제 부산에 돌아왔습니까? (과거)

4. 독해문 번역 및 질문 답변

민호는 베트남에서 베트남어를 공부하고 있는 학생입니다. 지난주에 그는 다낭 여행을 다녀왔습니다. 그는 리엔 선생님께 다낭이 매우 아름다웠다고 말했습니다. 그는 매일 베트남 사람들과 이야기하는 방법으로 베트남어를 공부합니다. 다음 주에 그는 한국에서 학교에 갈 준비를 하기 위해 귀국할 예정입니다. 리엔 선생님은 그가 매우 성실하게 공부한다고 말씀하셨습니다.

번호	질문 (의미)	정답 (베트남어)
(1)	지난주에 민호 형(오빠)은 어디를 다녀왔나요?	Tuần trước anh Min-ho đã đi du lịch Đà Nẵng về.
(2)	민호 형(오빠)은 어떤 방법으로 베트남어를 공부하나요?	Anh ấy học bằng cách nói chuyện với người Việt mỗi ngày.
(3)	민호 형(오빠) 언제 귀국할 예정인가요?	Tuần sau anh ấy sẽ về nước.
(4)	리엔 선생님은 민호 형(오빠)의 공부에 대해 뭐라고 하셨나요?	Cô Liên nói là anh ấy học hành rất chăm chỉ.

제9과

1. 알맞은 표현 선택

문항	정답	단어	비고
(1)	ⓐ	thường	보통/자주 (빈도를 묻는 일반적인 의문문)
(2)	ⓒ	chưa	아직 ~않다 (의문문 끝에서 완료 여부를 질문)
(3)	ⓑ	vì	~때문에 (결과 뒤에서 원인을 연결)
(4)	ⓑ	Tại sao	왜 (질문자의 주관적인 감정이나 의문 강조)

2. 빈칸에 알맞은 단어 채우기

문항	정답	비고
(1)	Thường xuyên	규칙적으로/자주 (학업 등의 반복적 행위)
(2)	không bao giờ	결코 ~않다 (강한 부정)
(3)	được	~할 수 있다 (동사 뒤에서 가능이나 달성 표현)

3. 문장 배열 연습

문항	배열 완성 문장
(1)	Buổi sáng Lan thường làm gì?
(2)	Anh đã ăn cơm rồi chưa?
(3)	Tôi đi học đến trễ vì xe buýt muộn.

4. 독해문 번역 및 질문 답변

란은 매우 성실한 사람입니다. 아침에 란은 보통 학교에 갑니다. 일요일에 란은 항상 성당(교회)에 가지만, 란은 그곳에서 끄엉 오빠를 한 번도 만난 적이 없습니다. 란은 매주 토요일 아침마다 책과 신문을 읽고 이메일을 쓰기 때문에 운동을 하러 가는 일이 드뭅니다. 현재 란은 한국에 갈 준비를 하고 있습니다. 지난 10월에는 비자가 없어서 갈 수 없었습니다. 하지만 마침내 오늘 란은 비자를 받았습니다. 란은 또한 어제 인터넷에서 저렴한 비행기 표도 구입했습니다.

번호	질문 (의미)	정답 (베트남어)
(1)	란은 일요일에 항상 무엇을 합니까?	Lan luôn luôn đi nhà thờ.
(2)	왜 란은 운동을 거의 하지 않습니까?	Vì Lan thường xuyên đọc sách, báo và viết email vào mỗi sáng thứ bảy.
(3)	왜 지난 10월에 란은 한국에 갈 수 없었나요?	Vì hồi tháng 10 Lan chưa có visa.
(4)	비행기 표를 샀나요? 언제 샀나요?	Lan đã mua được rồi. Lan mua được vào ngày hôm qua.

제10과

1. 알맞은 표현 선택

문항	정답	단어	비고
(1)	ⓑ	bao lâu rồi	얼마 되었나요? (과거부터 현재까지의 기간)
(2)	ⓒ	khoảng	약 / 대략 (기간의 수치를 수식)
(3)	ⓐ	Vì	~때문에 (Vì... nên... 상관 접속사 구조)
(4)	ⓒ	Vì vậy	그래서 / 그러므로 (앞 문장의 결과를 제시)

2. 빈칸에 알맞은 단어 채우기

문항	정답	비고
(1)	rồi	이미 ~했다 (기간 뒤에서 완료와 지속을 나타냄)
(2)	bao lâu nữa	얼마나 더? (미래의 잔여 시간을 질문)
(3)	tại	~탓에 (부정적인 결과의 원인/책임)

3. 문장 배열 연습

문항	배열 완성 문장
(1)	Chị ở Việt Nam bao lâu rồi?
(2)	Vì chị không đi học nên thầy giận.
(3)	Chị định ở lại khoảng 1 năm rưỡi nữa.

4. 독해문 질문 답변

수민은 한국인 학생입니다. 그녀는 한국에서 1년 동안 베트남어를 공부했고, 그 후 베트남에 온 지 6개월이 되었습니다. 지금까지 계산하면 베트남에 머문지 반년이 되었습니다. 수민은 대학원 과정을 마치기 위해 베트남에 약 1년 반 정도 더 머무를 예정입니다. 지난 수요일에 수민은 끄엉 오빠가 선생님께서 바쁘시다고 말했기 때문에 학교에 가지 않았습니다. 그녀가 학교에 가지 않았기 때문에 선생님께서 매우 화가 나셨습니다. 수민은 선생님을 찾아뵙고 상황을 설명하고 사과할 예정입니다.

번호	질문 (의미)	정답 (베트남어)
(1)	수민은 베트남에서 베트남어를 얼마 동안 배웠나요?	Chị ấy học được 6 tháng rồi (hoặc nửa năm rồi).
(2)	왜 지난 수요일에 수민은 학교에 안 갔나요?	Tại anh Cường nói là thầy giáo bận.
(3)	수민은 베트남에 얼마나 더 있을 예정인가요?	Chị ấy định ở lại khoảng 1 năm rưỡi nữa.
(4)	선생님께서 화나신 후에, 수민은 무엇을 할 예정인가요?	Chị ấy sẽ đến gặp thầy để giải thích và xin lỗi.